Élisé MUKE NGIEKU

Quels effets la foi en Jésus-Christ produit-elle chez l'homme ?

Élisé MUKE NGIEKU

Quels effets la foi en Jésus-Christ produit-elle chez l'homme ?

La foi en Christ

Éditions Croix du Salut

Imprint
Any brand names and product names mentioned in this book are subject to trademark, brand or patent protection and are trademarks or registered trademarks of their respective holders. The use of brand names, product names, common names, trade names, product descriptions etc. even without a particular marking in this work is in no way to be construed to mean that such names may be regarded as unrestricted in respect of trademark and brand protection legislation and could thus be used by anyone.

Cover image: www.ingimage.com

Publisher:
Éditions Croix du Salut
is a trademark of
Dodo Books Indian Ocean Ltd. and OmniScriptum S.R.L publishing group

120 High Road, East Finchley, London, N2 9ED, United Kingdom
Str. Armeneasca 28/1, office 1, Chisinau MD-2012, Republic of Moldova, Europe
Managing Directors: Ieva Konstantinova, Victoria Ursu
info@omniscriptum.com

Printed at: see last page
ISBN: 978-613-7-36540-3

PREFACE

Je suis très fier de pouvoir être honoré par le **Pasteur MUKE NGIEKU Elisée** en vue de préfacer son livre doctrinal qui nous parle de *QU'EST-CE- QUE LA FOI PRODUIT DANS L'HOMME QUAND IL CROIT AU SEIGNEUR JESUS CHRIST ?*

Etant Evangéliste du Ministère Action de Relève Evangélique, en sigle AREV-Ministries, l'un des Conseillers à la Communauté des Assemblées de Dieu au Congo, en sigle CADC, l'un de ses pères spirituels depuis la Ligue pour la Lecture de la Bible et Professeur Ordinaire des Universités, j'appelle aux Chrétiens et non Chrétiens de pouvoir procurer cet ouvrage doctrinal de cet homme de Dieu qui nous apporte une grande édification sur les biens faits multidimensionnelles de la foi en Christ.

Oui et amen, la Parle de Dieu dit : « Or sans la foi, il est impossible de lui être agréable ; car il faut que celui que s'approche de Dieu croie que Dieu existe, et qu'il est le rémunérateur de ceux qui recherchent ».(Hébreux 11: 6).

Et cette foi vient de la parole de Dieu et l'Auteur de cet ouvrage conclus que la foi est produite par la parole de Dieu. **Romain 10 :9-17.** Mais comment, la réponse est toujours dans la Bible qui nous dit que si tu confesse de ta bouche le Seigneur Jésus-Christ et si tu crois de tout cœur que Dieu l'a ressuscité parmi les morts, tu seras sauvé, car c'est en croyant du cœur qu'on parvient à la justice et c'est en confessant de la bouche qu'on parvient au salut.

Je vous invite à avoir ce livre Pasteur pour mieux comprendre ce que la foi produit dans la vie de l'homme. Nous citons superficiellement: L'obéissance, la sainteté, la fermeté, la patience, la crainte, la persévérance et l'humilité dans la vie d'un Chrétien ou un Croyant, est – ce- que aspires-tu tous les jours dans ta vie à ces vertus?

Voilà les effets que la foi produit dans l'homme quand il croit au Seigneur Jésus-Christ.

Que les utilisateurs de ce livre que le Seigneur a inspiré son Serviteur en nous parlant de la saine doctrine en tirent profit, je vous invite une fois de plus tous et toutes de l'obtenir et que Dieu soit avec votre esprit.

Evangéliste Prof Dr Robert KIKIDI MBOSO KAMA,

Leader d' AREV-Ministries

REMERCIEMENTS

Je remercie mon Dieu de m'avoir accordé la grâce de vous parler de ce que la foi produit dans l'homme ou une femme qui croit au Seigneur Jésus Christ.

Je tiens à lui remercier encore de m'avoir accordé le temps, l'intelligence et la sagesse afin de mener des recherches en consultant la Bible pour découvrir les bonnes choses qui sont dans la parole écrite inspiré par Dieu.

Je ne s'aurai pas oublié d'être reconnaissant à l'un de mes pères spirituels depuis la Ligue pour la Lecture de la Bible, Evangéliste Prof Dr Robert KIKIDI MBOSO KAMA, qui est Conseiller à la Communauté des Assemblées de Dieu au Congo, en sigle CADC, Leader du Ministère Action de Relève Evangélique, en sigle AREV-Ministries et Professeur Ordinaire des Universités pour avoir préfacé ce livre après sa une lecture.

Pasteur MUKE NGIEKU Elisée

INTRODUCTION

Le monde fut bouleversé depuis la rébellion de l'homme des ténèbres contre de son Dieu. C'était le Diable, Satan qui est le prince de ce monde. Il est appelé aussi le dieu de siècle présent. Il fut avant sa chute un archange de Dieu vivant mais arrivé un moment il se révolta contre Dieu et voulait qu'il soit adoré par les autres anges comme ils le faisaient à chaque instant au Dieu Tout Puissant. Cet ange était le chef de musique, c'est lui qui dirigé les autres anges afin de rendre Gloire à Dieu, il était pris par l'orgueil et voulais se comparé à Dieu qui était son Chef et son Créateur.

A cause de sa beauté et de son rend angélique de l'un des chérubins protecteurs dans les cieux, il convoita l'adoration, la louange et la gloire que les anges rendaient au Seigneur Dieu Tout Puissant et l'Eternel des armés .Animé par cette convoitise, Satan tomba dans l'orgueil et obligea les collègues anges à lui rendre les honneurs , comme Dieu sonde les cœurs et connait la pensé caché de toute créature, il fut énervé puis décida de lui chasser du ciel en ordonnant aux Anges guerriers qui lui furent fidèles et ensemble avec leur Chef, Archange Michel, vont vaincre le Diable qui était sans de force ; ce dernier fut jeté et précipité à terre.**(EZECHIEL 28 : 11-19).**

C'est ainsi qu'il fut chassé, avec lui quelques anges déchus qui l'ont suivi dans l' désobéissance pour entrer en rébellion contre Dieu. Ces anges sont appelés aujourd'hui les démons ou encore les esprits mauvais, les esprits impures **(Jude Verset 6 , 2CORINTHIENS 4 : 1-6)**

Il fut descendu avec colère et se dirigeât directement dans le jardin d'Eden pour séduire Adam et Eve. Il les séduit puis Adam et sa femme Eve ont désobéis à Dieu, suite à cette désobéissance d'Adam, la mort entra dans le monde.

Quel était la désobéissance d'Adam ?

La Bible nous dit que l'Eternel forma l'homme de la poussière de la terre il souffla dans ses narines un souffle de vie et l'homme devient un être vivant.

Puis l'éternel Dieu planta un jardin en Eden du côté de l'orient et il y mit l'homme. L'éternel Dieu donna cet ordre à l'homme « Tu pourras manger de tous les arbres du jardin ; mais tu ne mangeras pas de l'arbre de la connaissance du bien et du mal, car le jour où tu en mangeras tu mourras ».

Certainement nous remarquons ici Dieu confirme que la désobéissance, vous en produira la mort.

Mais Adam et Eve n'ont pas discerné et n'étaient pas prudents à concevoir le message qui leur a été donné par Dieu, Adam et Eve furent tombés par la tentation du diable puis ils mangèrent le fruit interdit par Dieu et la mort entra à Adam et Eve (Genèse 2 :7-17).

Pourquoi Dieu chassa Adam et Eve du Jardin Eden? :

- ✓ Parce qu'ils ont désobéit à la parole de l'éternel ;
- ✓ Parce qu'il avait un arbre de vie dans le jardin une fois mangeait cela ils devraient être guéris ;
- ✓ Dieu ne voulait pas qu'ils vivent longtemps dans cet état de péché dans le jardin **Genèse 3 :22-24 ;**

Quand notre père humain fut tombé dans le péché de désobéissance cela avait produit plusieurs autres péchés; ce pourquoi la mort est entrée par un homme qui s'appelle Adam.

C'est ainsi que nous naissons tous avec un corps de la même nature qu'Adam, nous naissons dans ce péché d'Adam, car nous avons la même nature que lui et nous avons tous péchés **Romain 3 :23 .**

La désobéissance qui est le péché commit par Adam est la racine des autres péchés. Voici quelques autres péchés que la racine de la désobéissance avait produits :

- La convoitise ;
- L'orgueil ;
- Le mensonge ;
- La rébellion ;
- La calomnie ;
- L'incrédulité ;
- Le meurtre ;
- La haine ;
- La jalousie ;
- Le vol ;
- L'adultère ;
- L'impudicité ;
- La rancune ;
- L'Escroquerie ;

- La division ;
- Le tribalisme ;
- La trahison ;
- L'hypocrisie ;
- L'injustice ;
- Le complot ;
- L'égoïsme ;
- Le fanatisme ;
- L'envie ;
- La sorcellerie.

Voici ce que la racine de la désobéissance a produit ; c'est -à-dire que la désobéissance avait engendré plusieurs autres péchés dont la liste est vraiment si longue. Nous avons énuméré quelques péchés qui ont l'originalité comme étant le péché d'Adam qui est la désobéissance.

Ce qui dérange beaucoup ce que tous ces péchés ci-haut énumérez ont comme lieu de refuge le cœur de l'homme. Ce pour cette raison que le prophète Jérémie avait prophétisé en disant que « Le cœur de l'homme est tortueux par-dessus tout et est méchant : Qui peut le connaitre ? » **Jérémie 17 :9**. Lorsque l'ont dit que cet homme est méchant, nous voyons directement l'état de son cœur.

Le Seigneur Jésus christ dit ceci : « car ce du cœur que proviennent les mauvaises pensés ; le vol ; les faux témoignages ; les calomnies ». L'homme qui possède tous ces choses dans son cœur, il est sué ; malheureux ; séparé de Dieu ; il est mort bien que vivant par la chaire ; il a un cœur ténébreux comme le stipule la bible dans **Mathieu 15 :17-19.**

Dieu à son tour est lumière, il n'y a pas de ténèbres en lui car le ténèbres c'est les péchés **1Jean 1 :1-7**.

C'est notre père humain Adam qui est l'auteur de toutes ces choses mauvais car tous ont péchés et sont privés de la grâce de Dieu. **Romain 3 :23.**

L'AMOUR DE DIEU POUR L'HUMANITE

Dieu est amour et à cause de cette amour, il n'a pas laissé Adam et Eve nu mais il avait tué une bête et a pris la peau de cette dernière et leur vêtit avant qu'il ne les chasse du jardin Eden. **Genèse 3 :21-24.**

Dieu n'a pas voulu que l'homme reste dans cet état de péché et de la mort, ce pourquoi il prépara un chemin du salut pour faire sortir l'homme de cet état de la mort. L'homme était mourant car il avait péché, cela avait causé une séparation entre l'homme est son Dieu, car il écrit que le salaire du péché c'est la mort.**Romains 6 :23**

Dieu envoya son fils, l'unique venant en chaire et acceptât de mourir sur la croix. Il porta les péchés de toute l'humanité, nos douleurs, il était frappé par Dieu et humilié, il fut blessé pour nos péchés, brisé pour nos iniquités et il a subit la mort. **Esaie 53 :1-2**

La Bible nous dit ceci : car Dieu a tant aimé le monde qu'il a donné son fils unique, afin que quiconque croit lui en ne périsse point mais qu'il ait la vie éternelle. **Jean 3 :16**

Ecouté ce que nous dit la révélation du Seigneur Jésus-Christ concernent sa venue dans ce monde pour sauver l'humanité. Que ce que le livre d'apocalypse nous dit : Puis je vis dans la main droite de celui qui était assis sur le trône un livre écrit dedans et en dehors, scellé de sept sceaux.

Et je vis un ange puissant, qui criait d'une voix forte : « Qui est digne d'ouvrir le livre et d'en rompre les sceaux ? Et personne dans le ciel, ni sur la terre, ni sous la terre, ne put ouvrir le livre ni le regarder.

Et je pleurai beaucoup de ce que personne ne fut trouvé digne d'ouvrir le livre ni de le regarder. Et l'un de vieillard me dit : Ne pleure point ; voici, le lion de la tribu de Juda, le rejeton de David, a vaincu pour ouvrir le livre et ses sept sceaux.

Et je vis, au milieu du trône et des quatre êtres vivants et au milieu des vieillards, un agneau qui était là comme immolé. Il avait sept cornes et sept yeux, qui sont les esprits de Dieu envoyé par toute la terre. **Apocalypse 5 :1-6**

Voilà ce pourquoi la Bible nous dit : Car la mort est venue par un homme, c'est aussi par un homme qu'est venue la résurrection des morts .Comme meurent tous en Adam, de même aussi tous revivront en christ. **1Corronthiens 15 :21-22**

Le messie, le sauveur du monde christ est venu comme deuxième Adam pour donner la vie à l'humanité qui fut déjà mourant par le péché de la désobéissance causé par le premier Adam.

Ce pour quoi l'homme est sauvé par la grâce au moyen de la foi. Quand l'homme croit au seigneur Jésus-Christ, il est sauvé et passe de la mort à la vie. Si tu confesse de ta bouche le Seigneur Jésus et si tu crois de tout ton cœur que Dieu l'a ressuscité de morts, tu seras sauvé car c'est en croyant du cœur qu'on parvient à la justice et c'est en confessant de la bouche qu'on parvient au salut selon ce que dit l'écriture. Voilà l'amour de Dieu pour l'humanité.

- **Quand l'homme crois à Jésus**

Quand l'homme croit à Jésus-Christ comme Seigneur et Sauveur, s'il est baptisé au nom du Seigneur Jésus-Christ directement cet homme est sauvé. Tous ces péchés commençant par le péché commis par notre père Adam et ces autres péchés sont pardonnés et il est purifié par le sang. **Actes 2 :38-41**

Celui qui croit en Jésus-Christ est baptisé du saint Esprit **Luc 3 :15-16**

Celui qui croit en Jésus-Christ n'est plus pécheur et n'est plus condamné, il devient juste car Dieu lui a justifié par le sang de son fils Jésus-Christ. **Romain 8 :28-32**

- Etant donc justifié par la foi, nous avons la paix avec Dieu par notre Seigneur Jésus-Christ à qui nous avons eu par la foi cette grâce dans laquelle nous demeurons ferme. **Romain 5 : 1-2**

Celui qui croit en Jésus-Christ comme Seigneur et Sauveur devient une nouvelle créature, les choses anciennes sont passées, la vie ancienne et la malédiction sont parties. **II Corinthiens 5 :16-19**

- **Que -ce- que la foi ?**

Voici la définition de la foi selon la Bible par rapport à la question posée :

Dans le livre d'hébreux la foi est définit comme une ferme assurance des choses qu'on espère, une démonstration de celles qu'on ne voit pas.

Voilà la définition de la foi que la Bible nous donne, donc nous devons croire aux choses que nous ne voyons pas. Pour possédés à ces choses nous dévons croire comme l'avait fait nos ancêtres et ils ont obtenus un témoignage favorable.

C'est par la foi que nous croyons que Dieu existe et ce lui qui avait formé l'univers par sa parole en sorte que d'autres choses ne soient pas visibles.

La foi dans la vie de l'homme est un fruit qui lui rend agréable à Dieu. L'homme est agréable à Dieu que par la Foi, il faut que celui qui s'approche de Dieu croit que Dieu existe et qu'il est le rémunérateur de ceux qui le cherche. **Hébreux 11 :1-2, 6.**

D'où vient la foi ?

Nous avons compris la définition de la foi, maintenant nous nous posons une autre question celle de savoir d'où vient la foi ?

Surement la foi vient de quelque part, nous allons découvrir ensemble en lisant les saintes écritures et savoir d'où vient la foi.

La Bible qui est la parole inspiré de Dieu nous dit que la foi vient de **la parole de Dieu,** donc nous comprenons par la que l'originalité de la foi c'est la parole de Dieu. La foi est produit par la parole de Dieu sans cette parole on n'aura pas entendre parler de la foi. La bible nous dit que : La foi vient de ce qu'on entend et ce qu'on entend ce la parole de Dieu. De la parole de Dieu nous voyons Christ donc c'est lui le producteur de la foi. Sans la parole de Dieu il n'y a pas de foi, sans Christ pas de vie éternelle.

Si tu confesse de ta bouche le seigneur Jésus-Christ et si tu crois de tout cœur que Dieu l'a ressuscité parmi les morts, tu seras sauvé car c'est en croyant du cœur qu'on parvient à la justice et c'est en confessant de la bouche qu'on parvient au salut selon ce que nous dit la Bible qui est la parole inspiré de Dieu. La foi vient de la parole de Dieu d'où nous conclurons que la foi est produite par la parole de Dieu. **Romain 10 :9-17**

Comment la foi est produite dans l'homme ?

La foi vient de ce qu'on entend et ce qu'on entend ce la parole de Dieu comme nous l'avons dit ci-haut .Maintenant nous voulons analyser puis comprendre comment la foi est produite dans l'homme.

L'homme arrive à croire lorsqu'il écoute la parole de Dieu, une foi attendu il sera convaincu et la foi commencera à se produire en lui petit à petit.

Ecoutons la mission que le Seigneur avait confié aux apôtres après sa résurrection : « Allez partout dans le monde et prêchez la bonne nouvelle à toute la création, celui qui croira et qui sera baptisé, sera sauvé, mais celui qui ne croira pas sera condamné. **Marc 16 :15-16**

Exemple : Les juifs ont entendu la prédication de pierre au jour de pentecôte, la prédication par la puissance du Saint–Esprit, toucha leurs cœurs, car la parole de Dieu est comme le marteau qui brise le roc. Quand cela sort, cela brise l'incrédulité dans le cœur de l'homme.

La parole de Dieu est encore comme l'épée à deux tranchants pénétrant jusqu'à partager l'âme te l'esprit. Jointure et moelles, elle juge les sentiments et les pensées du cœur. Les juifs ont entendu la prédication de l'apôtre pierre par la puissance de la parole de Dieu au moyen du Saint-Esprit.

Touchés par cette parole, ils eurent les cœurs vivant touchés et ils dire à pierre et aux autres apôtres : Hommes frères, que fairons- nous ?

Pierre leur dit : « Repentez-vous et que chacun de vous soit baptisé au nom du Seigneur Jésus-Christ pour le pardon de vos péchés et vous recevrez le don du Saint Esprit car la promesse est pour vous, pour vos enfants et pour tous ceux qui sont au loin, en aussi un grand nombre que le Seigneur notre Dieu les appellera.

Ceux qui acceptèrent sa parole furent baptisés et en ce jours-là le nombre des disciples augmentât d'environ trois milles âmes. Voyez-vous comment la parole de Dieu produit la foi dans les cœurs des hommes et des femmes ? La foi vient de ce que l'on entend et ce qu'on entend ce la parole du Christ. **Actes 2 :31-41**

L'Ethiopien aussi entendue la parole et la parole produit la foi dans lui. Il crut au Seigneur Jésus-Christ et fut baptisé. Ce pourquoi nous disons que la foi vient de ce que l'on entend et ce que l'on entend ce la parole du Christ. **Actes 8 : 27-39**

Ce que la foi produit dans l'homme

Nous venons de comprendre dans les lignes ci-hautes que la foi vient de ce qu'on entend et ce qu'on entend vient de la parole de Dieu c'est –à-dire que ce la parole de Dieu qui produit la foi dans l'homme **Romain 10 :17**.

C'est en écoutant la prédication de l'évangile du Christ que l'homme arrive à croire et sa foi naisse. La foi à son tour doit aussi produire quelque chose quelque chose dans l'homme. La foi rend l'homme agréable devant Dieu c'est-à- dire que l'homme est agréable à Dieu par la grâce.

Nos ancêtres ont témoignés cette foi. Je décortique maintenant ce que la foi produit dans l'homme quand il croit au Seigneur Jésus-Christ.

Une fois l'homme a cru au Seigneur Jésus-Christ, la foi dans lui produit :

❖ La foi produit l'obéissance

Le mot obéissance vient du verbe obéir qui signifie marché selon la loi, donné les instructions, de l'ordre :

- Quand il te dit fait ceci, si tu la face aussi ;
- Quand il te demande d'aller et tu t'envoi ;
- Quand il te demande de donné tu donnes aussi ;
- Quand il te dit ne touche pas, tu aussi ne touche pas.

Ici notre hiérarchie que nous parlons, notre autorité suprême ce bien que nous dévons lui obéir. Qu'est-ce que le prophète Jérémie qui est le prophète de la part de Dieu au peuples Juifs car je n'ai point parlé avec vos pères et je ne leurs ai donné é aucune ordre, le jour où je les faits sorti du pays d'Egypte au sujet des holocaustes et des sacrifices.

Voici l'ordre que je leur ai donné : Ecoutez ma voix, je serai votre Dieu, Et vous serez mon peuple ; Marchez dans toutes les voies que je vous prescris, afin que vous soyeux heureux **Jérémie 7 :22-23**

Nous avons dit dans les lignes précédents que le mot obéissance est tiré du verbe obéir c'est –à dire faire ce que l'on te demande de faire et ne pas faire ce qu'ont interdit.

Roboam voudrai faire la guerre avec ses frères en Israël mais la parole de Dieu fut aussi adressé à Shemaeja homme de Déparle à Roboam fils de Salomon roi de Juda et à toute la maison de Juda et de benjamin et au reste du peuple dit leur : Ainsi parle l'éternel : Ne montez point et ne fait pas la guerre à vos frères les enfants d'Israël, que chacun de vous retourne dans sa maison car c'est de par moi que cette chose est arrivée.

Quand Roboam avait écouté la parole de Dieu qu'à- il fait ? La réponse est qu'ils ont obéis à la parole de Dieu. **1Rois 12 :21-24**

Dieu nous met en garde que nous soyons obéissants à tout ce qu'il dit et nous ordonne il sera notre protecteur, nous serons heureux et il nous gardera. Voici ce que Dieu dit : Voici, j'envoie un ange devant toi, pour te protéger en chemin, et pour te faire arriver au lieu que j'ai préparé. Tiens-toi sur tes gardes en sa présence, et écoute sa voix ; ne lui reste point, par ce qu'il ne pardonnera pas vos péchés, car mon nom est en lui. **Exode 23 :20-21.**

Voyons comment nos ancêtres sont des model à suivre car leurs foi avait produit de l'obéissance. Quand ils ont entendu la parole de Dieu disant à notre ancêtre que le monde est corrompu et la fin de toute chaire est arrêté devant moi, fait toi une arche de bois de Gopher. Quant-il entendu la voix de Dieu lui parlé, il crut directement que ce Dieu qui lui parlé et cette parole produisit la foi dans lui et la foi à son tour produisit l'obéissance puis il commença directement à construire l'arche comme l'avait dit son Dieu. Cet ancêtre répondait au nom de Noé qui est un bon modèle à suivre. **Genèse 6 :13-20**

Abraham aussi notre ancêtre dans sa foi il eut l'appelle de Dieu. Quand il avait l'âge de 75 ans et sa femme Sara avec 65 ans ils n'avaient pas encore eu des enfants, car ils étaient stériles. Dieu lui dit : Sort de ton pays, de ta patrie, de la maison de ton père vas dans le pays que je te montrerais et il entendu la parole puis partis. Après avoir écouté la parole de Dieu, il produisit le Fruit de l'obéissance, il quitta son pays, il quitta son père et sa mère et sa ville Idolâtre puis il partit comme l'éternelle l'avait ordonné de sortir, Abraham s'en alla sans enfants, voyez-vous la foi :

- La parole a produit la foi ;
- La foi a produit l'obéissance ;

Dans la vie de notre ancêtre Noé qui avait cru puis avait obéis en construisant l'arche que Dieu lui avait dite de faire.

Abraham cru et sa foi produit l'obéissance puis il sortit de son pays et de la maison de son père comme Dieu l'avait dit de faire.

Quant à Joseph le Mari de la Sainte Marie qui voulais rompre le mariage, car sa fiancée marie fut tombée enceinte dont elle avait conçu par la vertu du Saint Esprit, il voulait le rompre secrètement mais Dieu qui est omniprésent ; omnipotent et omniscient dit à Joseph de ne pas laisser ta femme car la grossesse qu'elle a conçu est par la puissance du Saint Esprit.

Joseph écoutât la parole de Dieu via l'Ange du Seigneur, qui lui apparut en songe et lui dit : Joseph fils de David, ne craint pas de prendre avec toi Marie ta femme car l'enfant qu'elle conçu vient du Saint-Esprit, elle enfantera un fils et tu lui donneras le nom de Jésus ! C'est lui qui sauvera son peuple de ces péchés. Joseph s'étant réveillé, il fut ce que l'ange du Seigneur lui avait ordonné et prit avec lui sa femme.

Mes bien aimés dans le Seigneur voyons comment la foi produit l'obéissance dans l'homme. La foi de nos premières ancêtres ont produit l'obéissance à l'égard de notre Die. **Genèse 12 :1-4 et Mathieu 1 :18-24**

A tu remarqué la foi à la parole de Dieu produit l'obéissance dans la vie d'un Chrétien ou un Croyant, est – ce- que marches- tu dans l'obéissance tous les jours dans ta vie?

Le jour où un homme reçoit Christ comme Seigneur et Sauveur dans sa vie, l'obligation s'impose par la foi de marché tous les jours de sa vie dans l'obéissance à Dieu dans sa parole. Dieu ne collabore pas avec ceux qui sont désobéissants.

Mes biens aimés, un homme ou une femme peut faire des sacrifices soit donné des holocaustes pour plaire à Dieu, il est comparable à celui qui pratique la divination, celui qui n'obéit pas à la voix de Dieu, il est plus qu'un idolâtre.

Voyez un mauvais exemple qui ne pas bonne à suivre qui se trouve dans la bible : Un roi qui répondait au nom de Saul refusa de faire ce que Dieu l'avait ordonné de faire et il fait sa volonté, il fait la guerre avec les Amalécites. Dieu envoya Samuel au roi Saul et il dit au roi : écoute le message que Dieu t'envoi ; Saul va maintenant frappe Almélec ; tout ce qui lui appartient est dévoué par interdit, tu n'épargneras point et tu ne faira point mourir l'homme, la femme, les nourrissons, les bœufs et brebis, les chameaux et l'âne ; voyez l'ordre de Dieu donné à Saul pour faire ce que Dieu l'avait ordonné à faire. Saul bâtie AMelek comme était ainsi dit l'éternel Dieu veille toujours sur sa parole l'accomplir. Dieu Accompli sa parole, les Amalécites étaient battu mais Saul avait désobéi à la parole de Dieu .**Jérémie 1 :12**

Dieu accompli sa parole, il rejetât Saul et dit à Samuel que Saul a désobéit à ma parole, est-ce l'éternel trouve-t-il du plaisir dans les holocaustes et les sacrifices comme dans l'obéissance à la voix de l'éternel ? Voici l'obéissance vaux mieux que les sacrifices et l'observation de ma parole vaut mieux que la graisse de béliers car la désobéissance est aussi coupable que la divination et la résistance ne l'est moins que l'idolâtrie et les theraphines. Puisque tu as rejeté la parole de l'éternel, il te rejette aussi comme roi. A tu remarqué le danger de la désobéissance ?

Saul a désobéi, il a rejeté la parole de l'éternel son Dieu à cause de la graisse de béliers. Mon frère, ma sœur beaucoup ont rejeté l'obéissance à la parole de Dieu et marche dans la désobéissance.

A cause d'une raison quelconque, Saul est rejeté par son Dieu. Il a perdu l'honneur, la valeur à cause de la cupidité. Il a perdu sa royauté pour le manger et le boire qui était hors la volonté de Dieu.

La souffrance peut faire que l'homme ne marche plus dans l'obéissance de la parole de Dieu.

Voyons-nous ensemble un modèle de l'obéissance à suivre. C'est lui qui au jour de sa chaire à présenter avec un cri et avec les larmes des prières et de supplication à celui qui pouvait le sauvé de la mort et il a été exaucé à cause de son piété.

Il a appris bien qu'il soit Fils l'obéissance par les choses qu'il a souffertes, qui est cet homme qui était obéissant jusqu'à la mort malgré la souffrance qu'il a rencontré, il n'as pas fait sa volonté, mais la volonté de son père. **1 Samuel 15 :1-3 ; 1 Samuel 16 :13 ; Hébreux 5 :7-9 ; Jean 15 :14.**

- **La Foi produit la sainteté**

La sainteté c'est la nature de Dieu, quand on parle de la sainteté, nous voyons aussi l'impureté ou la souillure, ce pourquoi nous voulons parler de la Sainteté.

Comme nous l'avons dit bien avant que la sainteté c'est la nature de Dieu, écoutons ce que nous dit la bible dans le livre de lévitique : Dieu déclare lui-même, vous ne mangerez point tous les reptiles qui rompe sur la terre, tous ceux qui se trainent sur le ventre ni de tous ceux qui marchent sur quatre pieds car vous les aurez en abomination. Ne me rendez points vos personnes abominables par tous ces reptiles qui rampent, ne vous souillez point par eux car je suis l'éternel votre Dieu, vous vous sanctifierez et vous serez saint car je suis saint et vous ne vous rendez pas impurs par tous ces reptiles qui repent sur la terre car je suis l'éternel qui vous ai fait monter du pays d'Egypte pour être votre Dieu et pour que vous soyez saint car je suis saint. **Lévitique 11 :41-47**

Daniel en captivité à Babylone avec ces deux compagnons Schabraque et Meschac ont appris pour servir le roi, mais pour qu'ils grandissent vite et qu'il soit intelligent. Le roi à résolue des leurs donnée chaque jour une portion de mets de sa table et du vin dont il buvée. Voulant les élever pendant trois année au bout de quelles ils seraient au service du roi mais Daniel résolue de ne pas se souiller par le mets du roi et par le vin dont le roi buvait et il priât le chef des uniques de ne pas l'obligeait de se souiller. Daniel 1 :5-8

Jetons encore un regard a la vocation d'Esaïe, Esaïe témoigne que je vis le Seigneur assis sur un trône très élevé, et les pans de sa robe remplissaient le temple.

Des séraphins se tenaient au-dessus de lui, ils avaient chacun six ailes ; deux dont ils se couvraient la face, deux dont ils se couvraient les pieds, et deux dont ils se servaient pour voler. Ces séraphins criaient l'un à l'autre, et disaient : Saint, saint, saint est l'éternel des armées ! **Esaïe 6 :1-3**

La sainteté ce la nature de Dieu c'est-à-dire Dieu est saint là où il habite est un lieu très saint, il est entouré de la sainteté. Allons un peu dans le livre d'apocalypse nous allons lire ce que l'apôtre Jean avait vu et entendu :

« Aussitôt je fus ravi en esprit. Et voici il y avait un trône dans le ciel, et sur ce trône quelqu'un était assis. Celui qui était assis avait l'aspect d'une pierre de Jaspe et de sardoine ; et le trône était environné d'un arc-en-ciel semblable à de l'émeraude.

Autour du trône je vis vingt-quatre trônes, et sur ces trônes vingt-quatre vieillards assis, revêtus de vêtements blancs, et sur leurs têtes des couronnes d'or. Du trône sortent des éclairs, des voix et des tonnerres. Devant le trône brulent sept lampes ardentes, qui sont les sept esprits de Dieu.

Celui qui se tenait assis sur le trône c'est le Seigneur Dieu, les quatre êtres vivants et les vingt-quatre vieillards se tenaient devant et derrière au service de Dieu en l'adorant nuit et jour en disant : saint, saint, saint est l'éternel de seigneur Dieu le tout puissant. L'Apôtre Jean et le prophète Esaïe montre que Dieu est trois fois Saint. **Apocalypse 4 :2-8.**

Moise en Egypte à sa naissance, il fut caché dans la rivière puisque Pharaon avait donné l'ordre qu'on élimine tout enfant qui naitra du sexe masculin.
Mais la fille de Pharaon prit l'enfant (Moise) et l'hébergea. Lorsque Pharaon avait Grandit, il refusa d'être appelé fils de la fille du roi mais acceptât d'être maltraité avec le peuple de Dieu (Israelites) que d'avoir pour temps la jouissance du péché. Moise compris que la maison à laquelle j'habite, malgré nous avons à manger, à boire y compris l'honneur d'être appelé fils de la fille du Pharaon, il comprit que cette maison été souillé, tout été impure. Tout ce qui est impure est aussi souillé, nous appelons cela péchés.

Moise a grandi et par la foi il quitta la maison de pharaon qui été souillé. Moise analysa puis faisant un déplacement par la foi, il quitta une maison souillé pour la vie de la sainteté. **Exode 2 :11, Hébreux 11 :23-25**

- **La foi produit la fermeté**

Ferme : Qui offre une certaine résistance, qui se tient de façon stable.

Fermeté veut dire, n'est pas se relâché. Par exemple Abraham qui avait reçu le message de Dieu, dans ce message Dieu l'avait demandé de sortir dans son pays, de quitté son père et sa mère puis partir là où l'éternel l'avait demandé de s'en allé. L'éternelle l'avait envoyé afin qu'il soit bénit là où il devrait partir, c'était pour qu'ils dévient le père d'une grande Nation.

Abraham obéit à Dieu pendant qu'il avait 75 ans d'âge puis il a fait ce que l'éternel l'avait demandé de faire selon son ordre **Genèse 12 :1-4.**

Si nous lisons au chapitre 15 :1-2 du livre cde Genèse, Dieu continue à faire des promesses à Abraham. Il lui dit dans une vision que : Je suis ton bouclier et ta récompense sera très grande, et Abraham répondit au seigneur l'éternel, que me donneras-tu ? Je m'envais sans enfants ! Mon frère vois-tu le souci d'Abraham ? Il dit je n'ai pas d'enfant, l'héritier de ma maison c'est Eliezer de Damas et tu ne m'as pas donné de postérité et celui qui est né dans ma maison sera mon Héritier.

Dieu lui dit : C'est ne pas lui qui sera à ton héritier mais c'est celui qui sortira de tes entrailles sera ton héritier c'est-à-dire l'enfant que tu mettras au monde sera ton héritier. Dieu dit a Abraham sortez dehors, il sortit est Dieu dit regard vers le ciel et compte le nombre des étoiles si tu peux le compté et Dieu lui dit encore tel sera ta postérité Genèse 15 :1-3

Dieu continue son alliance avec Abraham souffrais de manque d'enfants depuis sa jeunesse dans le mariage, il n'avait pas d'enfant. Lorsqu'il complétât 90ans d'âges, la parole de Dieu nous dit que l'éternel lui apparut et lui dit je suis le Dieu tout puissant, marche devant ma face et soit intègre.

Dieu demandât deux choses à Abraham pour garde leur alliance, voici ces deux choses :

1. **Marché à la face de Dieu**
2. **Qu'il soit intègre**

Tous les jours, Dieu continue à lui promettre qu'il aura des enfants, il continue à lui confirmé de lui donner des enfants. Dieu dit à Abraham : N'appelle plus ta femme du nom de Sarai car ce nom signifie stérile mais tu l'appelleras du nom de Sara car c'est le nom de la bénédiction des enfants, ce le nom de la reproduction. Dieu dit : Je le bénirais et je te donnerais par elle un fils, je le bénirais et elle deviendra la mère d'une multitude de nation. **Genèse 17 : 1-8**

Pendant que Dieu confirmé Abraham qu'il aura des enfants, Abraham avait déjà 100ans et sa femme Sara avait 95 ans d'âges, voyez-vous l'âge qu'avait ce couple, humainement parlant il est impossible aux hommes que à cet âge ils ne pouvaient pas mettre au monde un enfant.

Mais Dieu lui dit, ta femme t'enfantera un fils. Abraham lui répondu naitra t- il un fils pour l'homme de 100ans ? Et Sara âgé de 90ans? Dieu dit certainement ta femme Sara t'enfantera un fils et l'appelleras au nom D'Isaac. **Genèse 11 :1-5, Genèse 17 :15-17**

J'ai définit ce qui est la fermeté ou être ferme. J'ai dit que ferme offre une certaine résistance. Qui se tient de façon stable, fermeté, n'est pas se relâché. Réalisation de la promesse de l'éternel se souvint de ce qu'il avait dit à Sara et l'éternel accompli pour ce qu'il avait promis.

Sara devint enceinte et elle enfanta un fils à Abraham dans sa vieillesse au temps fixé dont Dieu lui avait parlé. Abraham donna le nom d'Isaac au fils qui lui était né que Sara l'avait enfanté. Abraham circoncit son fils Isaac âgé de 8 jours comme Dieu l'avait ordonné, il était Agé de 100 ans à la naissance de son fils Isaac. **Genèse 18 :1-15, Genèse 21 :1-8**

Abraham sa foi à produit de la fermeté, il a résisté contre la moquerie, il était stable donc posé .La foi produit la fermeté dans la vie d'un croyant et Chrétien. Quelques soit les vents de problèmes, quelle que soit les problèmes qui lui sont arrivé, il est resté ferme à cause de sa foi il reçut un enfant. **Jérémie 32 :26-27 et Ezéchiel 12 :28**

Job était fort riche dans son temps

Job, c'est homme à un bon exemple à suivre pour les Chrétiens, un exemple à suivre, il était serviteur de Dieu malgré ses richesses. Il n'était pas hautaine ni orgueilleux. La bible lui témoigne comme un homme intègre et droit dans sa vie et il se détournant du mal, la sainteté faisait partie de sa vie.

Job connut une situation si douloureuse et grave au niveau de sa famille. Il avait 1à enfants dont 3 filles et 7 garçons.

Dans ces richesses, il possédait : 7000 brebis, 3000 chameaux, 5000 paires de Beauf, 5000 ânesse et un très grand nombre de serviteurs. Il fut un homme de valeur.

Il avait deux valeurs avec lui :

- ✓ Homme de valeur ;

✓ Homme considérable.

Nous pouvons ajouter qu'il fut un homme respecté, un homme d'honneur. Vous savez que celui qui a des possibilités est bien respecté et honoré. Job était dans l'adversité avec son ennemi le diable Satan.

Voici quelques noms attribué à l'ennemi de Job :

- Diable = calomniateur ;
- Satan = menteur, perverse ;
- Dragon = Serpent ancien, séducteur ;
- Meurtrier. **Mathieu 8 :44. Apocalypse 12 :8-13.**

Satan a comme mission de détruire, égorgé et dérobé. Voici l'épreuve que Job avait affrontée durant sa vie sur terre. Job surveiller la vie de ses enfants de près afin qu'il ne tombe pas dans les péchés, qu'ils vivent une vie de sainteté et de sanctification car le Dieu de Job était un Dieu Saint. **Job 1 :1-6 et 1pierre 1 :14-15**.

Ils les appelaient et mangé ensemble avec eux puis ils échangeaient ensemble avec leur Père Job, pendant le dialogue, il cherché à découvrir qui a péché contre Dieu. Job encadrez bien ses enfants dans la vie spirituelle. C'est un bon exemple à suivre par les parents pour un bon encadrement des enfants. **Deutéronome 11 : 19-20**

Job avait reçu des messages douloureux. Quels sont ces messages douloureux ? Suivons bien ces messages :

1. **Message douloureux** : les bœufs labouraient et les ânesses paissaient à côté d'eux ; des sabéens se sont jetés dessus, les ont enlevés, et ont passé les serviteurs au fils de l'épée.
2. **Message douloureux** : Le feu de Dieu est tombé du ciel, a embrasé les brebis et les serviteurs et les a consumés.
3. **Message douloureux** : Des chaldéens, formés en trois bandes, se sont jetés sur les chameaux, les ont enlevés, et ont passé les serviteurs au fil de l'épée.
4. **Message douloureux** : Tes fils et filles mangeaient et buvaient du vin dans la maison de leur frère ainé et voici un grand vent est venu de l'autre côté su désert, et à frapper contre les quatre coins de la maison ; elle s'est écroulée sur les jeunes gens et ils sont morts.

Tous les dix enfants sont mort, les richesses, et les serviteurs sont morts, voici quel douleur qu'avait Job. Sa femme regardé comme Job était toujours ferme à l'égard de son Dieu, elle dit à Job : « tu ne vois pas que tu as tout perdu, mais pourquoi tu demeures toujours ferme à l'égard de ton Dieu ? Maudit ton Dieu afin que tu meurs ».

Les mamans en christ doivent faire beaucoup attention dans leur vie en Christ pendant qu'elles font fasses aux épreuves, aux jours de tentations et pendant la souffrance. Vous devez contrôler vos langages et vos réactions l'égard de votre Dieu **Proverbe 18 :19-21.**

Ecouter la réponse de Job à sa femme : « Tu parles comme une femme insensée. Quoi ! Nous recevons de Dieu le bien, et nous ne recevrions pas aussi le mal ! En tout cela Job ne pécha point par ses lèvres. **Job 2 :1-10**

Job dit que je ne peux pas parler en mal contre mon Dieu à cause de souffrances **Job 27 : 1-6.** La foi de Job produit la fermeté. Il était stable, résistant, ne relâcha pas dans sa fermeté au moyen de la foi.

Ecoutons quelques questions posés par l'Apôtre Paul qui dit que qui pourra nous séparé de l'amour du Christ, qui peu séparé les chrétiens de l'amour du Christ ?

Paul décrit les choses qui pourront séparer les chrétiens de l'amour du Christ. Il montre sa foi qui produit la fermeté.

1. Sa sera la tribulation ? Non je résisterais ferme sans se relâché dans ma foi ;
2. L'angoisse ? non je resterais ferme ;
3. La persécution, non je resterais ferme ;
4. La faim ? Non je resterais ferme ;
5. La nudité ? Non je serais toujours stable ;
6. Le péril ? Non toujours ferme dans ma foi ;
7. L'épée non je resterais résistant.

Voilà la foi de Paul qui produisait la fermeté dans sa vie Chrétienne. Il dit que dans toutes ces choses nous sommes plus que vainqueur par celui qui nous a aimés. La foi produit la fermeté dans la vie d'un Chrétien. **Romain 8 : 35-37**

- **La foi produit la patience**

Par la définition ; la patience est la capacité d'endurer les blessures implosée par les autres et à la disposition à accepter les situations irritants ou douloureuses. Ecouté ce que maudit les écritures car nous serons maltraité.

Le Seigneur Jésus-Christ dit à ces disciples, aujourd'hui il s'adresse à nous, il dit : Vous aurez de tribulations dans le monde cela veut dire que chaque enfant de Dieu doit s'attendre à la tribulation. Jésus-Christ qui était le bois verte à subit les tribulations, moqueries, injures à cause de nous mais il était patient pour accomplir sa mission et nous qui sommes de bois morts est ce que nous pouvons échappés à la tribulation ?

L'apôtre Paul nous montre sa foi qui produit la patience dans sa vie entend qu'enfant de Dieu comme nous qui lisons cette livre, nous devons suivre son exemple afin d'endurer les blessures infliger par les autres. Il dit : nous fatiguons nos corps à travailler de nos propres mains. Ecoutons ce qu'il va dire : une fois ont nous injuriés, nous supportons, si nous sommes persécuté nous supportons ; calomniés mais nous parlons avec bonté sans colère ni vengeance. Mon frère vas-tu la patience de Paul dans sa vie, cela produit la patience. Ces paroles exprimées montrent qu'il a la patience. Nous devons savoir que la foi dans la parole de Dieu produit la patience. **Jean 16 :33, Jean 8 :52-59, Mathieu 5 : 10-12**

La vie chrétienne ne pas facile, elle ne pas comme du pain et du thé à boire. Sachez le bien que je te dit ce qui est vrais, écoute encore ce que dit le seigneur Jésus dit à ces disciples : Il faut que je rentre pour à Jérusalem pour souffrir de la part des anciens et principaux sacrificateurs. Pierre dit : Maitre cela n'arrivera pas, mais le Seigneur se retournant et dit à pierre que : arrière de moi Satan, tu mets un scandale, ta pensée ne pas la pensée de Dieu mais celle des hommes, quand pierre entendu le Seigneur lui répondre comme cela, lui reproché en utilisant le **terme arrière de moi Satan ;** est ce qu'en vrais dire Pierre était Satan ? Non, il fut appelé ainsi car les pensées qui était en lui était contraire à la volonté de Dieu. La volonté de Dieu était que Jésus devrait Souffrir et mourir. Est-ce que pierre était découragé par ce que Jésus l'avait dit arrière de moi Satan ? Si cela était dit aux chrétiens d'aujourd'hui, un pasteur te dit arrière de moi Satan par rapport à tes langages, directement tu te rebelle et tu fuis l'église mais chose que pierre n'avait pas fait, il avait supporté la parole du Seigneur.

Aujourd'hui la bible parle de Pierre, de ce que Dieu à fait dans ça vie, dans son ministère d'apôtre. Il était Apôtre de Jésus christ à ceux qui sont étrangers et dispersés dans le point de la galaxie, la Cappadoce, l'Asie et la Béthanie et qui sont élus selon la présence de Dieu le père, par la sanctification de l'esprit afin qu'ils deviennent obéissants. **1Pierre 1 :1.**

Aujourd'hui les églises naissent comme des champignons. Quand on reproche un enfant de Dieu, il se révolte et part dans une autre église. EN lisant la bible, nous avons entendu ce que le Seigneur avait dit aux disciples et ce que l'apôtre Paul a affirmait de sa patience dans la foi.**1 Corinthiens 4 :11-13**

Voyez-vous comment le Seigneur Jésus donne des conditions à tous ceux qui veulent le suivre :

1. Première condition qu'il renonce à lui-même ;
2. Deuxième condition qu'il change de sa croix ;
3. Troisième condition lui suivre.

La croix c'est la foi difficile, la vie de sacrifices, les moqueries, les injures, les calomnies **Luc 9 :23**

- La foi produit la patience dans la vie de l'enfant de Dieu. Qu'est-ce que l'apôtre Jacques dit sachant que l'épreuve de votre foi produit la patience mais cette patience accomplie parfaitement son œuvre afin que vous soyez parfaits et accomplis sans faillir en rien.
- **Voyez comment la foi produit la patience**.

Lui-même notre exemple dans la foi a eu de le patience tout au long de son ministère pendant trois ans, il était insulté, de moqueries même de lui jeter de pierres. A la croix le Seigneur a souffert comment ?

- Avant tout, on l'avait introduit une couronne d'épines à la tête par force, quel douleur et saignement?
- Les trois clous qu'on l'avait enfoncé, deux aux mains et un aux pieds avait produit quel douleur et saignement ?
- Les paroles de moqueries, on lui jetait la salive et crachait sur lui !

Malgré toutes ces douleurs et le sang qui coulait, il eut la patience, il ne maudit personne car il avait la foi que son Père pour faire sa volonté afin que le monde soit sauvé par lui.

La patience est la capacité d'enduré les blessures infligées par les autres ou la disposition a accepté les situations irritants ou douloureux. **Mathieu 27 :26-46.**

❖ La foi produit l'humilité

Humilité : C'est l'état d'esprit bas. C'est l'attitude qui consiste à ne pas se croire trop important pour servir les autres. C'est pourquoi l'apôtre Paul nous exhorte en disant que l'humilité vous face regarder les autres comme étant au-dessus de vous. **Philippines 2 :3**

Là où il y'a de l'humilité, il y'a pas le moi tandis que l'absence de l'humilité dans l'homme produit l'orgueil et cet orgueil vient du Diable, c'est à cause de l'orgueil qu'il fut chassé du ciel.

L'orgueil dans les églises locales provoque des troubles et les divisions voir même la rébellion. C'est pourquoi vous voyez les églises se divisent, les gens se font des petits groupes dans les églises.

Les serviteurs orgueilleux veulent créer leur propres églises sans la volonté de Dieu, il se dit en lui-même que moi aussi j'ai la chose de Dieu. Les jeunes serviteurs vous devez faire beaucoup attention une fois que tu serais beaucoup utilisé par ton père spirituel, ne soit pas enflé d'orgueil si tu aurais plus des moyens que lui.

Faisons beaucoup attention, en voyant les églises s'implanter ci-là car la majorité de ces églises, leurs responsables se sont peut-être rebellés contre leurs pères spirituelles et leurs pasteurs.

Mon frère, ma sœur, sache que Dieu hait les orgueilleux, là où il y'a l'esprit d'orgueil, Dieu rabaisse cet homme.

C'est ne pas mauvais si les églises sont implantés, car un ordre suprême que Dieu avait donné comme la mission aux apôtres d'aller partout dans le monde annoncé la bonne nouvelle à tout le monde , celui qui croira et qui sera baptisé, sera sauvé, c'est l'ordre du Seigneur de prêcher l'évangile et de gagner les âmes et implanter les églises mais comment ? Dans la rébellion ?

- L'orgueil est une opinion trop avantageuse de soi-même, de son importance.
- L'orgueil est un sentiment légitime de sa valeur et de sa dignité.

Selon les définitions de l'orgueil ce qui est a était le cas de l'ange qu'on appelait Cherubin protecteur, cet ange son cœur s'éleva à cause de ce qu'il était au service de Dieu.

Dieu décrit ce qui était chérubin protecteur, il était en Eden le jardin de Dieu. Tu étais couvert de tout espèces de pierres précieuses de sardoine, d'onyx de jaspe de saphir d'escarboucle, de topasse de Diamant, d'émeraude et d'or. Tes tambourins et les fioles étaient à ton service. Je t'avais placé et tu étais sur la sainte montagne de Dieu, tu marchais au milieu des pierres. Tu as été intègre dans tes voies depuis le jour où tu fus créer, ton cœur s'est élevé à cause de ta beauté, tu as corrompu ta sagesse pour ton éclate, je te jette par terre.

Nous avons vu comment on a décrit l'ange, mais à cause de son orgueil il fut jeté par terre. Là où l'orgueil nait, et se manifeste sache que la chute est aussi proche car l'orgueil précède la chute. L'orgueil est le fruit du Diable et cela est très dangereux. **Ezéchiel 28 :13-17, Proverbe 16 :18, Apocalypse 12 :7-9**

Rentrons maintenant à ce qui concerne l'humilité. Nos ancêtres par la foi produisaient l'humilité. Vous êtes serviteur de Dieu, servante de Dieu, enfant de Dieu, quel que soit ton rang social ou ton niveau intellectuel élevé, sache que l'humilité est produite par la foi et est nécessaire dans la vie d'un chrétien et dans vie humaine en générale. Ecoutons l'instruction de notre Seigneur Jésus-Christ, il dit que : « Prenez mon joug sur vous, recevez mon instruction car je suis doux et humble du cœur. Que dit le Seigneur ? Qu'il est humble du cœur et vous trouverez du repos pour vos âmes. Les hommes et femmes humbles aiment toujours la présence de Dieu pour leur dirigés et orientés, ils laissent la gloire au Seigneur Jésus-Christ. Donc Dieu aime les hommes et les femmes humbles et ils les élèves facilement. **Miché 6 : 8 et Mathieu 11 :28-29**

Ecoutons les paroles humbles d'un serviteur de Dieu qui avait fait du sucé dans sa vocation. Sa foi produit l'humilité à son appel au ministère, Dieu l'appela du nom de vaillant héros, il bâtit les madianites, quand les Israelites ont vu le succès de Gédéon et ils lui demandèrent de dominés sur eux car ils les avaient délivré de la main de Madian.

Ecoutons le langage ou la parole de cet homme humble que la foi avait produite dans sa vie. Gédéon leurs répondu disant : « Je ne dominerais point sur vous et mes fils ne domineront point sur vous, c'est l'Eternel qui dormira sur vous ».

Gédéon était prudent de ne pas céder à l'orgueil, il était un homme, il était un homme de foi et sa foi avait produit l'humilité dans sa vie. La foi produit l'humilité dans la vie d'un chrétien. **Juges 6 :12 et Juge 8 :22-23**.

Vous n'entendrais pas dans la bouche des hommes et des femmes de Dieu. Qui dit ici c'est moi seulement, qui encore appart moi ? Mais ils disent ce ne pas moi mais c'est nous, je ne pas moi mais je mon Dieu. **Actes 3 :1-16**

Dieu collabore avec les hommes humbles, écoutons ce qu'il dit : J'habite dans les lieux élevés et dans la sainteté ; mais je suis avec l'homme contrit et humilié, afin de ranimer les esprits humiliés, afin de ranimer les cœurs contrits. Il n'y a personne qui peut s'élevé devant Dieu. L'humilité précède la gloire. **Esaïe 57 :15, Luc 14 :11 et Job 12 :28-29**

Voici les hommes humbles dans la bible, ceux dont leurs foi à produit l'humilité. Ecouter leurs paroles à l'égard de Dieu, ils parlés humblement à leur Dieu.

Jacob dit : Je suis trop petit pour toutes les grâces et pour toute la fidélité donc tu as envers ton serviteur. Mon bien aimé tu as remarqué les paroles humbles devant Dieu.

Jean baptiste aussi l'homme humble devant son Seigneur, il dit à Jésus-Christ que : c'est moi qui as besoin d'être baptisé par toi et tu viens encore à moi qui suis un homme, un rien, une création devant toi mon Dieu. **Genèse 32 :10-12 et Mathieu 3 :14**

Voyez-vous la foi des serviteurs de Dieu ? Toujours accompagné d'humilité, leur foi avait produit l'humilité dans leur vie. Jeune frère et jeune sœur dans le seigneur soyez humbles dans le Seigneur, dans l'assemblée de Dieu, au milieu des hommes et femmes, soyez humbles, devant vos parents soyez humbles.

Ecouté l'exhortation des anciens, comment ils doivent diriger les troupeaux du Seigneur, volontairement avec dévouement et être modèle du troupeau. Ici il y' a une pensée qui est cachée que j'ai fait sortie. Dans la première exhortation de l'apôtre pierre qui concerne les anciens, la pensée réveillé est que les anciens aussi doivent paitre les troupeaux du seigneur avec l'humilité, il n y'a pas la contrainte c'est-à-dire la violence, pression exercée pour l'obliger à agir ou l'empêcher, il n'y a pas l'esprit de dominée les troupeaux du Seigneur, si tous ces caractères n'est pas dans l'esprit des anciens. C'est le signe d'humilité qui est en eux.

Ecouté maintenant l'exhortation pour les jeunes, jeunes soyez soumis aux anciens et tous dans vos rapports mutuel. Revêtez-vous d'humilité car Dieu résiste aux orgueilleux mais il fait grâce aux humbles. Humiliez-vous donc sous la puissante main de Dieu afin qu'il vous élève au convenables. **1Piere 5 :5-6**

La foi produit la crainte de Dieu

La foi produit la crainte de Dieu dans la vie du croyant en Christ sans la foi qui produit la crainte ou sans la crainte dans ta foi, votre foi est vaine et cela n'a pas de valeurs aux yeux de Dieu, il ne sera pas content de toi. Il veut que nous le craignions. L'auteur de la crainte c'est lui le Seigneur Dieu. Voici ce que Dieu promet aux croyants comme aux enfants d'Israël, il dit : Je mettrais ma crainte dans leurs cœurs afin qu'ils ne s'éloignent pas de moi.

La question est celle de savoir qui mettra sa crainte dans leurs cœurs ? La réponse est que c'est Dieu qui mettra sa crainte dans leurs cœurs. La Bible déclare que la foi vient de ce que l'on entend et ce que l'on entend ce la parole de Dieu. La parole produit la foi et la foi produit la crainte de Dieu dans les cœurs des croyants, des frères et sœurs. **Jérémie 32 :39-40**

Qu'est-ce que la crainte de Dieu dans la vie du croyant ?

La crainte de Dieu dans la vie d'un croyant c'est la haine du mal c'est-à-dire prendre la décision à ne plus faire du mal. Voyons un exemple : Les sages-femmes des hébreux en Egypte qui avaient refusé de faire ce que pharaon leurs obligés de faire, par ce qu'elles avaient la crainte de Dieu dans leurs cœurs, elles n'ont pas obéit à pharaon à faires du mal aux nouveau-nés et aux israélites mais plutôt elles avaient la crainte à l'égard de leurs Dieu. La crainte de Dieu c'est la haine du mal **Proverbe 8 :13**

Quel était le problème de Pharaon ?

Les enfants d'Israël se multipliaient et devenaient nombreux, Pharaon avait peur pensant que une fois les israélites devenaient plus nombreux, ils font la guerre à Pharaon et aux Egyptiens. Il conçu les mauvaises pensées d'où il conclut à tuer les enfants qui naitront. Pharaon craignait les hommes à la place de craindre Dieu. Il craignait la mort. **I Samuel 15 : 1-24**

Voici la crainte sainte qui est la crainte de Dieu que les sages-femmes avaient produit par leurs foi, elles ont refusaient de tuer les enfants c'est- à- dire les nouveau-nés garçons. Le roi appela les sages-femmes puis leurs demandât pourquoi avez-vous agit ainsi et avez-vous laissez vivres les enfants ? Les sages-femmes avaient répondu à pharaon que : « Les femmes des hébreux ne sont pas comme les femmes égyptiennes, elles sont vigoureuses et elles accouchent avant l'arrivée des sage-femme.

Qu'est-ce que Dieu fait à ceux qui ont sa crainte dans leurs vies ?

La réponse à cette question est que, Dieu fait du bien à tous ceux qui les craignent. **Exode 1 :15-17.** Ecoutons l'exhortation d'un serviteur qui sa foi produit de la crainte dans sa vie et maintenant rois conduisez-vous avec sagesse, juges de la terre recevez l'instruction, servez l'éternel avec crainte, réjouissez-vous humblement **Psaume 2 :10-11**

La foi en christ produit la crainte de Dieu dans la vie, dans le cœur du croyant. Voici la foi d'Abraham notre père dans la foi. La foi qu'avait Abraham a produit la crainte de Dieu dans sa vie, Abraham avait reçu son fils dans sa vieillesse donc avec l'âge de 100 ans mais Dieu lui dit que prend ton fils unique et celui que tu aimes beaucoup Isaac va-t'en au pays de Morija et là offre le en holocauste sur l'une de montagne que je te dirais. Abraham se leva le bon matin, sella son âne et mis avec lui deux serviteurs et son fils Isaac. Il fendit le bois pour l'holocauste et parti au lieu où Dieu l'avait dit.

Lorsqu'il fut arrivé au lieu que Dieu l'avait indiqué, Abraham y éleva un hôtel et rangea les bois. Il lia son fils Isaac et le mit sur l'hôtel par-dessus le bois, puis Abraham étendit la main et prit le couteau pour égorger son fils et l'ange du Seigneur l'appelât des cieux et dit : Abraham, Abraham et il répondit me voici, l'ange lui dit n'avance pas ta main sur l'enfant et ne lui fait rien du mal car je sais maintenant que tu crains Dieu et que tu ne m'as pas refusé ton fils unique.

Voici 6 choses que j'ai tirées comme leçon dans la vie d'Abraham et dans sa foi :

1. Abraham a entendu la voix de Dieu lui parler
2. Il a discerné que ce que Dieu lui parlait
3. Il obéit à la parole de Dieu et s'en alla
4. Quand il est arrivé au lieu indiqué, il voulait exécutait l'ordre de tué
5. Il était prudent a écouté la voix de l'ange lui disant ne tue plus l'enfant
6. Il obéissait encore à ne plus tués l'enfant **Genèse 22 :8-13**

Voici encore notre frère Joseph en Egypte quoi que, il était seul dans la maison de Poti phare. La femme de celui-ci voulait couché avec Joseph et tombé en adultère avec lui. Ecoutais ce que voulais la femme du maitre de Joseph : Elle porta les yeux sur Joseph et dit à Joseph de coucher avec lui mais Joseph refusa et dit à la femme de son maitre, voici mon maitre ne prend avec moi connaissant de rien dans la maison et il remit entre mes mains tout ce qui lui appartient il n'est pas plus grand que moi dans cette maison et il ne m'a rien interdit excepté toi par ce que tu es sa femme. Ecoute comment Joseph termine sa parole ; dans sa bouche, il sort les paroles de la crainte de L'éternel. Quelles sont ces paroles ? Suivez comment Joseph dit : Comment ferais-je aussi un grand mal et pécherais-je contre Dieu.

Malgré cette parole mais la femme continuer à dérangé Joseph mais Joseph continuait toujours à refusait. La foi produit la crainte dans la vie du croyant.

Joseph en lui, dans son cœur, dans son esprit y avait la parole de Dieu. Dieu a dit aux enfants d'Israël : « vous vous sanctifierez et vous serez saints, vous observerez mes lois et vous les mettrez en pratique, je suis l'éternel qui vous sanctifie, si un homme quelconque commet l'adultère avec la femme de son prochain, l'homme et la femme adultère seront punis de mort. Voici la foi de Joseph a produit la crainte de Dieu dans sa vie. **Lévitique 20 :1-10, Psaume 24 :9, Ecclésiaste 12 :15-16**

Néhémie dans son règne, il était gouverneur dans le pays de Juda. Néhémie à fais 12ans. Il témoigne que j'ai eu crainte de Dieu je ne maltraitais pas les peuples de Dieu, je ne le dirigeais pas avec violence par ce que la crainte de Dieu était dans mon cœur, dans ma vie. La crainte de Dieu c'est la haine du mal et c'est la foi qui produit la crainte de Dieu.

Les chefs des établissements, les directeurs des écoles, les gérants des entreprises, les chargés de finances, le gouverneur, les bourgmestres de communes, les travailleurs, serviteurs et servantes de Dieu, dirigeons les peuples de Dieu sans violence comme l'avait fait Néhémie. **I Pierre 5 :1-3.** C'est par ce qu'il avait la crainte de Dieu dans sa vie, dans son cœur. La foi produit la crainte de Dieu dans l'homme et la crainte de Dieu c'est la haine du mal. **Néhémie 5 : 14-15**

- **La foi produit la persévérance**

Ce quoi la persévérance ?

La persévérance c'est la détermination sans faille allé de l'avant sans céder à la tentation de la relâche. Voici quelque ancêtre dont la foi avait produit la persévérance dans leurs vies. Noé, écoutons le message qu'il a reçu de Dieu : « fait toi une arche car je veux détruire ce monde », Noé avait 500ans d'âges, il écoutât la parole de Dieu et il obéit et commença a fabriqué l'arche selon le model que Dieu lui avait montré.

Au début de ce livre, nous avons commencé avec le point qui disait que la foi produit l'obéissance, surement nous remarquons que quand Noé avait écouté la parole de Dieu, il n'avait pas résisté, il été déterminer malgré les difficultés qu'il rencontrait dans la construction de l'arche, il s'en alla de l'avant sans faillir ni tenté de relâché car sa foi à produit la persévérance de construire l'arche. Il était fort avancé en âge.

Voici la persévérance de Noé quand il commença l'arche, il commença l'arche à l'âge de 500 ans et il a fait un siècle c'est-à-dire 100 ans et il a fini la construction de l'arche à l'âge de 600 ans.

Dieu regarda la terre est voici qu'elle était corrompue. Alors Dieu dit à Noé que la fin de toute chaire est arrêté devant moi car ils ont remplis la terre de violence : Voici je vais les détruire. Il donna à Noé le moyen de s'en sortir ou de sauvé sa vie. Je vais faire venir le déluge d'eau sur la terre pour détruire toute chaire ayant souffle de vie sous le ciel, tout ce qui est sur la terre périra et moi j'établirais mon alliance avec toi, tu entreras dans l'arche toi et tes fils, ta femme et les femmes de tes fils.

La foi de Noé avait produit la persévérance, lorsqu'il avait finis la construction de l'arche, le déluge fut arrivé et Noé et sa famille fut sauvé de ce déluge. **Genèse 6 :11-22 et Genèse 7 :1-9.**

Voyons encore un autre exemple d'un ancien dont sa foi produit la persévérance dans sa vie. Il s'agit d'Hénoch qui avait cru en Dieu pendant qu'il avait 65 ans d'âges. La Bible nous dit qu'il marcha avec Dieu tous les jours de sa vie et sa foi avait produit la persévérance cela veut dire qu'il a fait 300 ans dans sa vie de croyances, il a persévéré dans la foi pendant ces 300 ans, lorsque le temps fut arrivé, il fut enlevé avec 365ans **Genèse 5 :21-24**

Ecouté ce que le Seigneur Jésus-Christ nous dit dans la Bible, il parlait de ce qui concerne la persévérance. Il a cité quelques situations difficiles qui arrivera dans les jours a avenirs, il dit : L'anti-christ viendra, les guerres viendront et les bruits de guerres sera entendu, les soulèvements d'une nation à une autre, un royaume s'attaquera à un autre, les tueries, les chrétiens d'autres succomberons, se traiterons dans tous ces choses mauvais mais celui qui persévéra jusqu'à la fin sera sauvé. **Mathieu 24 :8-13**

La foi que je vous parle, c'est ce qui produit la vie de l'homme quand il croit à Dieu. Cette foi a trois chaises qui le supporte soit encore cette foi est assis sur trois chaises.

Qu'est-ce que la chaise humainement ? Quand on parle de la chaise humainement, on sous-entend d'un matériel que l'homme utilise pour s'assoir à la maison, au lieu du travail, dans les églises. La chaise est utilisée par l'homme surtout pendant le moment du repos, pendant les fêtes et autres rencontres. Cette chaise humaine se trouve dans tous les maisons sur la planète terre, donc chaque maison possède les chaises. ça c'est l'utilité de la chaise humaine, la chaise qui est un bien matériel fabriqué par l'homme.

Nous allons cependant vous parler de chaises spirituelles qui sont dans la vie du croyant. Quelles sont ces trois chaises ?

Voici les trois chaises que nous parlons :

1. Chaise qui supporte la foi c'est **la croyance** à Dieu
2. Chaise qui supporte la foi c'est **la confiance** à Dieu
3. Chaise qui supporte la foi c'est **l'assurance** à Dieu

La foi qui produit doit avoir ces trois chaises que nous allons décortiquer maintenant par la grâce de Dieu. Dans les lignes précédentes nous avons montrés ce que la foi produit dans la vie de l'homme. Nous avons citez : L'obéissance, la sainteté, la fermeté, la patience, la crainte, persévérance et l'humilité. Voilà ce que la foi produit dans la vie de l'homme, dans son cœur. Cette fois est supporté par trois chaises que nous avons cité leurs noms, il s'agit de la croyance, la confiance et l'assurance à Dieu.

Tout enfant de Dieu, sa foi doit être assise sur ces trois chaises, une fois ces trois chaises ne sont plus ce que sa foi ne produit plus et cela est très dangereux pour l'homme et cet homme ne peut espérer de Dieu quelque chose, soit une bénédiction quelconque. Toutes ces chaises sont une force pour la foi.

Maintenant je veux parler de ce qui concerne ces trois chaises qui supportent la foi ou les trois chaises qui soutiennent la foi dans la vie du croyant ou du chrétien :

1. La première chaise est la croyance à Dieu

Croyance vient du verbe croire. Aujourd'hui il y' a beaucoup des croyances parmi les gens dans ce monde. Je cite quelques types de croyances qui sont parmi les hommes et ils disent moi aussi je crois :

- Les uns croient à leurs coutumes et en font de cérémonies coutumières ;
- Les autres croient aux morts et ils font des invocations puis ils partent aux cimetières pour faire les cérémonies, ils immolent les bêtes et oiseaux ;
- Les autres croient à leurs parents disant qu'ils sont les dieux de cette terre ;
- Les autres croient aux religions au cultistes, aux doctrines de mon comme la Rose-croix, la Franc-maçonnerie, Mahikari, Eckankar, Maraboutage, pratiques magiques et d'autres loges occultes et satanistes.

Toutes ces croyances sont hors de la vérité biblique, de la parole de Dieu qui est la vérité. Ceux qui sont dans les croyances précitées, sont dans le chemin de la mort bien que vivant physiquement, ils sont éloignés de Dieu aujourd'hui.

Les magiciens souvent sont incarnés en prophètes, ils font étonné le monde par leurs actes magiques, le monde pense que ce Dieu qui les utilisent et qui agit dans eux mais ce ne pas Dieu. La Bible dit que le Diable lui-même se déguise en Ange de lumière.

Ils sont entraient d'implanter leurs permanences disant que ce sont des églises qui en réalité sont les temples de Satan mais qui ont des pratiques contraires à ce que dit la bible qui est la parole de Dieu. Ils font tout cela afin d'amener les gens à croire que ce Dieu qui fait tout cela or que Dieu ne connait rien de tout cela. Mais le monde s'en vas aussi les consultés, pourtant l'Apôtre Pierre nous donne un avertissement là-dessus dans **2 Pierre 2 : 1-14**

En effet, le roi Saül dans la Bible désobéit à l'ordre de son Dieu, quand les philistins sont venus les attaquer comme ils avaient désobéit à Dieu, il le rejeta, il n'avait plus la force car il était abandonné. Il y'a d'autre crainte qui n'est pas la crainte de Dieu mais plutôt la crainte des hommes qui est une crainte impure. Ce roi est parti consulter les morts parce que Dieu l'avait rejeté.

Tous les personnes qui partent consulté les magiciens soit qui croient aux marabouts, aux prédisseurs d'avenir , et tous ceux qui disent que je m'en vais consulter le marabout pour avoir une solution à tous mes problèmes mais cette croyance ne pas celle de la foi qui produit mais plutôt la croyance qui est la première chaise de la foi, ce la croyance en Dieu. **I Samuel 28 :8-19 et Actes 8 :9-25**

Qu'est-ce que la Bible nous dit concernant cette croyance en Dieu ? Suivons ce que disent les écritures : Comme moise éleva le serpent dans le désert, il faut de même que le fils de l'homme soit élevé afin que quiconque croit lui en ait la vie éternelle car Dieu a tant aimé le monde qu'il a donné son fils unique afin que quiconque croit lui en ne périsse point mais ait la vie éternelle.

En effet, Dieu n'avait pas envoyé son fils pour juger le monde mais pour que le monde soit sauvé par lui. Celui qui ne croit pas aux « nganga », marabouts, magiciens, mais en Dieu et en Jésus son fils unique, cette personne possède cette croyance qui est la première chaise de la foi ou le premier support de la foi.

- **Pour quoi le serpent brillait dans le désert ?**

Du sorti de l'Egypte, arrivé au milieu du désert, le peule commença à parler du mal contre Dieu et contre Moïse son serviteur. Il disait tout seul à cause de la famine et manque d'eaux, ils n'avaient pas la nourriture seulement la manne.

Suivez bien ce qu'ils disaient : Pour quoi vous nous avez fait monter hors d'Egypte pour que nous mourions dans le désert ? Car il n'y a point de pain et il n'y a point d'eau et notre âme est dégoûtée de cette misérable nourriture. Quelle était cette variation de nourriture. ?

- Les poissons ;
- Des concombres ;
- Des melons ;
- Des poireaux ;
- Des oignons ;
- Des œufs ;

Voyez-vous comment se peuple avaient manqué quelque chose d'important dans leurs vies ? Ils n'avaient pas de foi envers leurs Dieu, comme ils ont manqué de foi alors le fruit de la foi n'était pas dans eux ce pourquoi ils ont commencé à mal parler à l'égard de leurs Dieu. Que ce qu'ils ont manqués dans leurs vie ? Ils ont manqué de la patience dans leurs cœurs, dans leurs vies alors que l'éternel envoya contre le peuple des serpents brillants, il maudit ce peuple puis il tua beaucoup des personnes parmi les israélites.

Quand il vit et compris ils se sont dit en eux-mêmes que ce nous qui avons attiré ce malheur, ils sont allé voir Moise puis ils confessèrent de leurs bouches les péchés et dit : Nous avons péchés car nous avons parlé mal contre Dieu et contre toi son serviteur, prie l'éternel afin qu'il nous éloigne de ce serpent. Moise pria pour le peuple puis Dieu donna les orientations à Moïse afin de sauver ce peuple, il dit à Moïse de faire un serpent brillant, Moïse obéit à Dieu et fut le serpent puis le plaça sur une prêche, quiconque avait était mordu par un serpent et regardait le serpent d'airain conservait la vie.

Le serpent sur la perche est l'image ou préfiguration du Seigneur Jésus qui devrait mourir sur la croix pour les péchés du monde. **Nombres 11 :1-6 et Nombres 21 :4-9**, croire en Jésus comme Seigneur et Sauveur pour être sauvé **Jean 3 :14-18**.

La mort de Lazare

Lazare est mort, quatre jours sont passés dans la tombe après avoir dit à ces disciples que si quelqu'un marche pendant la nuit il bronche car la lumière ne pas en lui, il dit Lazare notre ami dort mais je vais le réveillé.

Les disciples lui dirent Seigneur s'il dort il sera guérie, il leurs dit ouvertement que Lazare est mort. Jésus étant arrivé trouva que Lazare était déjà mort il y a de cela quatre jours passés que son corps se trouvait dans le sépulcre. Lorsque Marthe appris que Jésus était déjà présent, elle s'en alla au-devant de lui.

Je suis en train de parler concernât la première chaise qui est la croyance. Avant que Lazare sort de la tombe, le Seigneur Jésus exhorte Marthe d'avoir la croyance en lui enfin qu'elle voie la gloire de Dieu. Le Seigneur utilise ce mot croire quatre fois et Marthe une seul fois. Suivons le dialogue du Seigneur avec Marthe la sœur de Lazare qui était mort concernant la première chaise qui est la croyance.

Marthe dit à Jésus : Si tu étais ici, mon frère ne serait pas mort mais maintenant même je crois que tout ce que tu demanderas à Dieu, il te l'a accordera. Jésus lui dit : ton frère ressuscitera, je sais lui répondit Marthe qu'il ressuscitera à la résurrection au dernier jour. Jésus lui dit je suis la vie et la résurrection celui qui croit en moi vivra même s'il est mort et quiconque vit et croit en moi ne mourra jamais crois- tu celà ? Marthe répondit oui Seigneur je crois que tu es le Christ, le Fils de Dieu. Jésus leurs dit : ôtez la pierre, Marthe la sœur du mort lui dit : Seigneur il sent déjà car il y a quatre jours qu'il est là.

Jésus lui répondit : ne t'avais-je pas dit que si tu crois tu verras la gloire de Dieu ? Marthe obéit, ils ôtèrent la pierre et Jésus leva les yeux en haut et dit Père je te rends grâce de ce que tu m'as exaucé et il cria d'une voix forte : « Lazare sort » et le mort sortit. Marthe était fortifiée par le Seigneur de croire en lui parce qu'elle a vu la gloire de Dieu. **Jean 11 :1-44**

Après avoir parlé contre le figuier, l'arbre était devenu sec en passant le matin, les disciples virent que le figuier est sec jusqu'aux racines, pierre se rappela ce qui c'était passé et dit à Jésus : Rabbi regarde le figuier que tu as maudit a séché. Ecoutons la parole du Seigneur à travers sa parole : ayez foi en Dieu, je vous le dis en vérité si quelqu'un dit à cette montagne ôtes- toi de là et jettes-toi dans la mer et s'il ne doute point dans son cœur mais croit que ce qu'il dit arrive, il le verra s'accomplir .La croyance est la première chaise **Marc 11 :19-24**

C'est un chef de la synagogue au nom de Jaïrus, il avait une fille unique, s'à genoux jusqu'aux pieds de Jésus et prière que ma petite fille est à l'extrémité, viens et impose là les mains afin qu'elle soit sauvée et qu'elle vive.

Jésus s'en alla avec lui et une grande foule le suivait et le pressait. En marchant il reçut un message que la fille mourait déjà mais le Seigneur lui consola que ne craint point mais croit seulement. **Marc 5 :35-36**

Frère et Sœur malgré les problèmes, les situations catastrophiques qui t'arrive, les tempêtes qui souffle fortement dans ta vie, croit en Jésus qu'il est capable d'apaisé toutes ces multitudes des problèmes qui te sont arrivés. Il est au-dessus de tout pouvoir, de toute autorité et de toute puissance. **Marc 4 :35-40** ; **Marc 11 :24** ; **Romain 8 :32**

Croyons qu'il vient bientôt pour l'enlèvement de son église qui est son épouse

I Thessaloniciens 4 :13-18

Crois-tu qu'il jugera ce monde ? Les morts et les vivants qui n'ont pas cru en Jésus seront aussi jugés. Crois-tu que ce lui qui va Reigner et régnera pour toujours, c'est-à-dire il sera roi éternellement. **Apocalypse 20 :11-15 et Apocalypse 21 :1-7**

Crois-tu que tous ces qui ont cru aux Magiciens, aux marabouts et aux faux prophètes, à la coutume de son clan ou famille, tous ceux qui ont cru et ont invoqués les morts seront jetées dans l'étang du souffle et du feu ainsi que tous les incrédules. L'étang du feu sera leur dernier sort. **Apocalypse 21 :8.** La croyance est la première chaise de la foi, la foi en Jésus qui produit.

2. La deuxième chaise de la foi c'est la confiance en Dieu

Confiance : c'est placée toute notre confiance en Dieu, en Jésus -Christ notre Seigneur. Nous plaçons notre cœur en lui par ce qu'il nous exauce dans les prières que nous le soumettons, il opère des prodiges et des miracles, il nous sécurise. Je mets dans lui ma confiance à cause de sa bonté et il est notre refuge, son nom nous protège. **Proverbe 18 :10**

Au moment de détresse, il nous vient au secours. Ainsi à cause de ma confiance en lui, parce qu'il prend soins de ces enfants quand nous portons vers lui nos charges, nos difficultés, il nous vient en aide car ce lui notre père, notre Dieu, notre Sécurité **Néhémie 1 :1-7.** Il nous délivre de dans beaucoup de dangers qui sont provoqué par notre adversaire le diable Satan qui est l'ennemi juré de notre Dieu. Tant que nous vivons encore, il continue à nous sécuriser, de nous venir en aide et de nous délivrer **I Pierre 5 :7**

Nous nous confions en lui, car il est le Dieu des dieux, le Seigneur des seigneurs ; il est fort et puissant dans le combat, il n'échoue jamais, il change le mal en bien. **Deutéronome 10 :17, Psaume 24 :3-8**

Nous plaçons notre confiance en lui car il fait vivre et fait mourir, il écrase les ennemies de ces enfants ? Il est le tout puissant souverainement élevé au-dessus de tout. Voici les causes qui nous poussent à se confier en lui. **Psaume 108 :14 ; Apocalypse 1 :8 ; Hébreux 1 :3-4**

Ne mettons pas confiance en nous- mêmes, nous risquons d'échouer ; ne regardons pas notre niveau intellectuel, ne dite pas que j'appartiens à un rend social plus élevé ou je suis un homme beaucoup plus considéré, plaçons notre confiance en Dieu. Dans la Bible nous parle d'un roi qui été très bien armé mais il trembla devant son adversaire, il s'agit du roi Saül. Pourquoi il trembla devant son adversaire ?

Nous allons voir quelques causes qui l'avaient fait trembler face à son adversaire Goliath et son Armée :

- ✓ Goliath avait une taille plus élancé que lui le roi Saül ;
- ✓ Il avait un casque d'airain sur sa tête ;
- ✓ Il portait une curasse à écaille qui pesé cinq milles sicles d'airains ;
- ✓ Il avait une armure aux jambes et un javelot aux épaule ;
- ✓ Il tenait une lance qui pesé cent sicle de fer.

Goliath criât contre les israélites disant : « Pourquoi sortez-vous pour ranger en bataille ? Ne suis-je pas philistin et n'êtes-vous pas des esclaves de Saül ? Choisissez un homme qui va descendre contre moi s'il peut me battre et qu'il me tue, nous vous serons assujettis mais si je l'emporte et que je le tue, vous nous serez assujettis et nous servirons. Il ajoute encore que : Je jette un défi à l'armée d'Israël, donnez- moi un homme et nous nous battons ensembles ».

Question : **Quelle était l'attitude des enfants d'Israël et du roi Saül ?**

Saül et toute Israël entendu les parole de ce philistin, ils furent tous effrayés et saisi d'une grande crainte. La crainte que l'on parle ici, ne pas la crainte de Dieu mais une crainte impure qui est la crainte des hommes ou soit la crainte de la mort par ce qu'ils manquaient la force. Le roi des enfants de Dieu trembla devant son adversaire, c'est vraiment honte.

- ✓ Goliath fut un guerrier depuis sa jeunesse donc il avait l'expérience dans sa vie de guerres ;
- ✓ Saul était vide en lui, il n'avait plus de force. Il n'avait plus l'onction de Dieu sur lui car il été rejeté par Dieu à cause de sa désobéissance à l'ordre de Dieu. C'est une chose terrible de tomber entre les mains de Dieu vivant, en effet si après s'être retiré des souillures du monde, par la connaissance du Seigneur et sauver Jésus-Christ, il s'engage de nouveaux et sont vaincu, leurs dernières conditions est plus difficiles que le première car il vaut mieux ne pas connaitre le chemin de justice que de le connaitre et se détourner du saint commandement. Dieu ne pourrais pas encore agir dans l'homme désobéissant, celui qui marche dans la désobéissance, qui vie dans la désobéissance vit selon sa volonté. **I Samuel 15 :10 ; I Samuel 17 : 4-11 ; Hébreux 10 : 28-31 et I Pierre 2 : 10-22**

Saül n'avait plus confiance en son Dieu, son cœur n'était plus en Dieu et il était finit. Le peuple de Dieu ne pouvait vivre de l'opprobre ou la honte devant leurs adversaires. Dieu est un Dieu des solutions, il trouva un homme selon son cœur, il répondait au nom de David, ce dernier fut grand combattant qui avait aussi son expérience avec son Dieu. Il se présenta devant Saül puis il lui dit que je m'en vais battre ce philistin. Que personne parmi vous ne se décourage à cause de ce philistin , car ton serviteur va se battre contre lui.

Ecoutons les paroles de découragement de Saül : Tu ne peux pas aller te battre avec ce philistin car tu es un enfant et il est un homme de guerre dès sa jeunesse. Vous voyez comment Saül minimisa David devant Goliath ?

Aujourd'hui combien des personnes minimises les grâces des enfants de Dieu dans les églises ? Combien des serviteurs de Dieu qui n'ont pas fait les études théologiques sont minimisées par les autres ?

Ecoutez la parole de Jean baptiste à l'égard de ceux qui venaient pour qu'il soit baptiser dans le jardin ; il leurs dit : Produisez donc du fruit digne de la plantation et ne prétendez pas dire en vous-même que nous avons Abraham pour père car je vous déclare que dans ces pierres, Dieu peut susciter les enfants à Abraham. Les pharisiens doutez le message de Jean baptiste concernant la venue de Jésus-Christ. Ils minimisaient le nom de Jésus- Christ. Jean leurs dit si vous refuser de croire en Jésus-Christ, Dieu est capable. **Mathieu 3 :7-9**

Dieu suscitât un vaillant guerrier, un enfant que Saül avait minimisé, le vaillant héros David partage l'expérience son Dieu. David dit à Saül : ton serviteur faisait prêtre les brebis de son père et quand un lion ou un ours venait pour une du troupeau, je courais après lui, je le frappais et j'arrachais la brebis de sa Guelle, s'il se soulevait contre moi, je le saisissais par la gorge, je le frappais et le tuais.

David était un homme de foi, nous allons au long la manière à laquelle il avait confiance en son Dieu car sa foi été assis sur trois chaises, la deuxième chaise c'est la confiance en Dieu.

Maintenant nous allons écouter les paroles de confiance à Dieu que David avait dit à Saül : C'est ainsi que ton serviteur à terrasser les lions et les ours, et il en serra du philistin et de cet homme incirconcis comme l'un d'eux car il a insulté l'armée du Dieu vivant. Il dit encore que l'éternel qui m'avait délivré des griffes du lion et de la patte de l'ours me délivrera aussi de la main de ce philistin et Saül dit à David que va et que l'éternel soit avec toi.

Ici Saül a pris le courage de cité le nom de l'éternel car il écouté le témoignage de David à l'égard de son Dieu. David a voulu démontré la confiance qu'il avait à son Dieu, il a fini de Dialogué avec Saül, il la fait voir la confiance qu'il avait à Dieu. Ensuite il est allez démontrer la confiance qu'il avait à Dieu à son adversaire Goliath, David dit au philistin : tu marches contre moi ave l'épée, la lance et le javelot et moi je marche contre toi au nom de l'éternel des armés, le Dieu d'Israël que tu as insulté. Aujourd'hui l'éternel te livre entre mes mains je te battrais et je te couperais la tête aujourd'hui je donnerais le cadavre du camp des philistins aux oiseaux du ciel et aux animaux de la terre et toute la terre saura qu'en Israël il y'a un Dieu. David fut plus fort que le philistin.

3 choses qui pourraient faire peur à David sont :

- La taille ;
- Son expérience dans la guerre ;
- Ces armes.

Je ne voyais pas la force de cet homme Goliath c'est la parole de David et pour quoi était-il plus fort que Goliath ?

- Par ce qu'il lutta avec le lion ;
- Il tua l'ours un animal féroce ;

- Il avait la puissance du nom de l'éternel ;
- Il avait la confiance en son Dieu.

I Samuel 17 :31-51, Psaume 108 : 11-14, Psaume 118 : 9-12

3. La troisième chaise de la foi c'est l'assurance en Dieu

Définition : l'assurance est un comportement confiant et ferme.

Un homme dans la bible nous donne un exemple qu'il avait da l'assurance à son Dieu qui est la troisième chaise qui supporte la foi. Cet homme était fort riche dans son temps, il perdu tout. Les souffrances qui lui sont arrivés été grandes. Il était atteint d'une maladie qui a vraiment mis du temps avant qu'il ne soit guéri, c'était terrible pour la vie de cet homme comme nous fais voir la Bible.

Ces amis ont appris tout ce qui arriva à leurs ami, ils sont venu le visité, ils étaient aux nombres de trois, pendant leurs visite au lieu de consolé leur ami qui était encore malade, ils ont par contre commencé à critiquer leur ami, lui condamné et ils se moquaient de lui pensant qu'il avait péché contre son Dieu ce pour quoi il est entrain de souffrir, ils ont blessé encore son cœur mais il était conscient qu'il était innocent et n'avait pas péché contre son Dieu.

Ecoutons tous les paroles qui sortaient dans la bouche de cet homme et ces paroles nous montrent qu'il avait de l'assurance en son Dieu. Il dira que : Malgré tout ce qui m'arriverais, le seigneur est mon Dieu et ne m'abandonnera jamais, il me viendra toujours au secours quel que soit l'état où je me trouve. Nous voyons la troisième chaise de la foi, qu'est-ce- qu'il dit : Malgré l'état ou je suis et tout ce que vous dites contre moi, je sais que mon rédempteur est vivant et qu'il se lèvera le dernier sur la terre quand ma peau sera détruite, il le lèvera, quand je n'aurais plus de chaire, je verrais mon Dieu, je le verrais et il me sera favorable.

Mon frère et ma sœur attendez les paroles de l'assurance de cet homme malgré l'état qu'il se trouvait, il dit que : malgré les malheurs qui me sont arrivés mon Dieu ne m'abandonnera pas. Vous voyez que sa foi était assise sur l'assurance qui est la troisième chaise. **Job : 19 :23-27**

L'assurance en nous-même est comme le jeune lion. Le lion est un animal féroce, il pèse de 150 à 238 Kg, il court dans une vitesse de maximal de 80 Km/h ; sa longueur est de 6,5m et a une hauteur de 2m. Son rougissement est semblables au bruit du tonnerre, il a des rougissements horrible qui vont à une distance de de 8km.

C'est animal lorsqu'il fait une attaque, il ne recule pas par ce qu'il est sur de lui-même c'est-à-dire il a l'assurance en lui- même de ce qu'il est.

Un serviteur de Dieu nommé Paul, dit ceci concernant l'assurance qui est la troisième chaise de la foi : il dit que rien ne peut le séparé de l'amour cde son Dieu car je de l'assurance que ni la mort, ni la vie, ni les anges, ni les dominations, ni les choses présente , ni la hauteur, ni la profondeur, ni aucune autre créature ne pourra me séparé de l'amour de Dieu manifesté en Jésus-Christ notre Seigneur.

L'apôtre Paul décrit les choses qui pourraient lui séparé de l'amour du Christ, c'est l'assurance à son Dieu. **Romain 8 :38-39**. Sache que si quelqu'un n'as de l'assurance qui est la troisième chaise dans sa foi, cette foi est vaine et ne peut pas succombé aux moments de persécutions, des difficultés.

Jean et Pierre fut arrêté et jeté en prison par ce qu'il prêchait la parole de Dieu concernant la résurrection des morts, les sacrificateurs et les sadducéens les arrêtaient. Après les avoir libérés de la prison ils partirent vers les siens et leur parlait de tout ce qui s'était passait. L'église élever les voies et prièrent ainsi : Seigneur donne nous de l'assurance de prêché l'évangile du christ. La persécution continué toujours avec de l'opposition contre eux. **Actes 4 :1-29**

L'assurance est la troisième chaise qui supporte la foi dans la vie d'un croyant en christ. Mon frère, ma sœur, voilà les trois chaises dans la foi du croyant ou qui supporte sa foi :

- ✓ La croyance en Dieu ;
- ✓ La confiance en Dieu ;
- ✓ L'assurance en Dieu.

La foi qui produit, la foi en christ à ces trois chaises. La foi de nos ancêtres, nous avons parcouru et consulté la bible qui est notre vérité, qui nous parle de la foi de nos ancêtres, nous avons remarqué que cette foi portait toujours ces éléments j'ai nommé étant fruit de la foi. Ces hommes dans leurs vies marchaient toujours avec ces trois chaises. Ils vivaient dans l'obéissance.

Noé écoutât la voix, il crut tout ce que Dieu lui disait et il eut a foi dans tout cela par ce que la foi vient dans ce que l'on entend et ce que l'on entend ce la parole de Dieu. Noé a produit l'obéissance dans sa foi, comment il obéit ? Il avait exécuté tout ce que Dieu lui avait ordonné de faire. Il a persévéré en faisant l'arche du début jusqu'à sa fin il complétât 600ans d'âges c'est-à-dire qu'il avait reçu la recommandation de Dieu à l'âge de 500ans et il a fait l'arche pendant 100ans.**Génese 7 :1-7**

Abraham notre père de la foi avait obéit à la voix de Dieu, il écoutât l'appel de Dieu lui avec l'âge de Dieu avec 75 ans d'âges, il obéit, il sortit de son pays et s'en alla au pays de la promesse que Dieu l'avait dit, il persévéra pendant 25ans et Dieu accompli sa promesse lui avec 100 ans d'âges, son fils Isaac fut né. Il avait aussi la crainte de Dieu avec lui.

Dieu lui demanda de lui donner un holocauste il obéit de donné son fils, il écoutât encore la voix de Dieu qui lui demanda à ne pas faire du mal à son fils. Voici la foi de notre père de la foi, ce qu'il avait produit. Il marchait dan l'obéissance, dans la persévérance et dans la crainte de Dieu accompagné aussi de ces trois chaises qui supporte la foi dans la vie du croyant. **Genèse 22 :1-12**

J'ai parlé de Moïse qui quitta la maison de Pharaon, les égyptiens avaient une vie souillant. Il sorti de la maison de Pharaon, laissa tout impureté et s'en alla vers ces frères, le même Moïse tua encore un Egyptien. Le fait de quittait la maison de Pharaon était le symbole de la sainteté mais il se sua encore en tuant l'égyptien. Au Madian Dieu lui apparut dans une flamme de Feu, Moise se tourna pour voir, Dieu l'appela et lui dit ôtes tes souliers de tes pieds car ce lieu sur lequel tu te tiens est une terre sainte. Pour quoi Moïse devrait il ôté ses souliers ? C'est par ce qu'il a verset le sang. Le soulier montre le symbole de péché et il obéit et ôtât ces souliers puis Dieu commença à lui parlé et lui confia la mission de la libération des enfants d'Israël. La sainteté ce la nature de Dieu, tu ne peux pas servir Dieu dans la vie de souillure ou la vie de péché.

Comment peut-il dire que nous sommes en communion avec Dieu et que nous marchons dans les ténèbres nous mentons. **Exode 3 :1-16**

Le chrétien devient la maison de Dieu, l'habitation de Dieu c'est en Esprit. Dieu est saint, nous devons vivre dans la sainteté mais non dans les souillures soit dans les péchés. **Lévitique 11 :44-45, I Corinthien 3 : 16-17**

Nos ancêtres marchaient encore dans l'humilité tous les jours de leurs vie devant Dieu, ils rendaient la gloire à leur Dieu et Dieu collaborais avec eux car Dieu collabore avec ceux qui sont humbles. Son fils unique s'est humilié jusqu'à la mort. Avant de mourir, il donna gloire à son Père, à sa mort et sa résurrection Dieu l'éleva au-dessus de tout dans les cieux, sur la terre et sous la terre. D'où vient l'élévation ? L'élévation vient de Dieu mais il se dépouillé lui-même, il a pris la forme d'un serviteur devenant semblable aux hommes et a paru comme un vrais homme se rendant obéissant jusqu'à la mort, c'est pourquoi Dieu aussi la souverainement élevé et lui a donné le nom au-dessus de tous les noms. **Philippiens 2 :5-11, Hébreux 1 :3-4, Psaume 47 :1-10**

Les trois compagnons de Daniel

Ces trois frères étaient ferme dans leurs foi, dans leurs vie ils ont voulu mourir pour leur Dieu que de déshonoré leur Dieu en mangeant des aliments impures. Ecoutez ce qu'on avait proposé pour ces trois compagnons. Le roi donna l'ordre au chef des uniques d'amener quelques-uns des enfants d'Israël de race royale ou de famille noble, des jeunes garçons sans défaut corporel. Ces jeunes étaient fermes dans leur décision de ne pas manger les aliments du roi. Dans ce passage, nous voyons deux choses qui étaient dans la vie de ces hommes, la foi produisait :

- Ils ont gardé la sainteté de Dieu dans leurs vie de ne pas se souiller par les mets du roi et le vin dont le roi buvait et il pria le chef des uniques de ne pas les obligés à se souiller. Souiller symbole du péché ils ont gardé leurs pureté (sainteté) **Daniel 1 :1-8**
- Ils étaient ferme dans leurs décision, écoutez leurs fermeté : Alors Daniel dit à l'intendant à qui le chef des eunuques avait réunis la surveillance de ces trois jeunes, de Daniel ; d'Anianais ; de Michael et d'Azaria. Ils dirent éprouve tes serviteurs pendant dix jours et qu'on nous donne des légumes à manger et l'eau à boire tu regarderas ensuite notre visage et celui de jeunes gens qui mangerons les mets du roi et tu agiras avec tes serviteurs d'après ce que tu auras vu.

Ils étaient ferme de ne plus manger le met du roi, les aliments impures, souillés. Voilà la sainteté et la fermeté de ces jeunes garçons hébreux à Babylone ; ils ont gardé l'ordre de Dieu d'Israël et notre Dieu de ce qu'il a dit que je suis saint et vous serez aussi saints dans toute votre conduite. La foi produit la sainteté dans la vie du Croyant. **Lévitique 19 :1-2**

La vie chrétienne ne pas comme du pain et du thé.

Chère lecteur de ce manuel, j'ai dit dans les pages antérieures que la vie Chrétienne ne pas comme du pain et du thé c'est-à-dire facile pour consommer. Si tu penses ainsi que cette vie chrétienne est une vie facile, tu te trompes et tu es dans une grande confusion. Nous avons voulu effacer ces mauvaises pensées dans les têtes des Chrétiens car c'est de l'ignorance.

La vie en christ est une vie de combat, mais pourquoi alors ?

C'est parce que nous vivons dans le monde matériel et portons encore le corps physique. Ce monde matériel est dirigé par le dieu de ce siècle bien qu'il est esprit.

Il répond au nom de Diable, il combatte les enfants de Dieu vivant. Pourquoi nous combatte-t-il ? C'est par ce que nous avons quittées son camp le jour que nous avons reçu Christ comme Seigneur et Sauveur dans notre vie, nous sommes passé de la mort qui est le camp du diable à la vie en Jésus-Christ qui est le camp de Dieu. **Jean 1 :11-13, Jean 3 :15-17, Marc 16 :15-16**

Les conditions pour être disciple de Jésus-Christ

Voici les conditions que le seigneur avait données pour le suivre. Il dit, si quelqu'un veut me suivre ou veut venir auprès de moi :

1. Qu'il se renonce de soi- même ;
2. Qu'il se charge de sa croix chaque jour ;
3. Et qu'il me suit.

Voyons un peu quelques éléments qui montrent la vie de la croix. Heureux serez-vous lorsque l'on vous outragera, qu'on vous persécutera et que l'on dira faussement de vous toutes sortes de mal à cause de moi. Réjouissez-vous et soyez dans l'allégresse parce que votre récompense sera grande dans les cieux car c'est ainsi qu'on a persécuté les prophètes qui ont vécu avant vous. Ecoutez ce que le Seigneur parle c'est à-dire que la vie en christ ne pas facile, il y'a des combats. **II Corinthiens 4 :1-4, Luc 9 :23, I Pierre 5 : 8-9, Mathieu 5 :11-12**

Ecoutons encore l'exhortation de l'apôtre Paul à Timothée son fils spirituel, il lui dit : Mon enfant, les recommandations que je t'adresse selon les prophéties faites précédemment à ton sujet, ce que d'après elle, tu combattes un bon combat gardant la foi et une bonne conscience. Paul fait voir à Timothée que la vie en Christ ne pas facile, il est aussi difficile de servir notre Seigneur Jésus-Christ. **I Timothée 1 :18-19**

Nos frères Apôtres ont bon souffert en prêchant l'évangile, ils étaient persécuté, maltraiter et les autres avaient même connut la mort. Ce qui se passait en même temps, le roi Hérode se mit à maltraiter quelques membres de l'église et il fut mourir par l'épée Jacques le Frère de Jean. Voyant que cela était agréable aux yeux des juifs, il fut arrêté encore Pierre, c'était pendant les jours des pains sans levain. Après l'avoir jeté en prison, il le mit sous la garde de quatre soldats et l'église ne cessa d'adresser pour lui les prières à Dieu. Est-ce que tu vois les combats dans la vie en Christ ? Il faut avoir la foi qui produit. **Actes 12 :1-12.**

La foi qui produit et qui est assise sur ces trois chaises, rend l'homme agréable à Dieu le père en Jésus

Je parle de la foi qui produit : l'obéissance à Dieu, la sainteté, la crainte de Dieu, la fermeté, la patience et l'humilité. Cette foi qui produit est une ferme assurance des choses qu'on espère, une démonstration de celle qu'on ne voit pas.

Cette foi vient de Dieu à travers sa parole, donc la foi est produite par la parole de Dieu. La foi vient de ce que l'on entend et ce que l'on entend vient de la parole de Dieu. Et cette foi est assise sur trois chaises qui la supporte dont nous citons : la croyance, la confiance et l'assurance. La foi qui produit et qui est sur les trois chaises rend les croyants agréables à Dieu. Sans cette foi dans la vie de l'homme, il ne peut être agréable à Dieu, pour que tu sois agréable à Dieu il faut avoir cette foi.

Les hommes de foi qui ont obtenus un bon témoignage

Suivez le témoignage rendu à nos ancêtres dans la foi. C'est par la foi qu'Abel offrit à Dieu un sacrifice plus excellent que celui de Caïn c'est par ce qu'il fut déclaré juste. Dieu approuva ces offrandes et ce par elle qu'il parle encore quoi que mort. Abel a offrit cette offrande par la révélation de Dieu. **Genèse 4 : 1-4, Hébreux 11 : 4**

C'est par la foi qu'Hénoch fut enlevé pour qu'il ne voie point la mort et il ne parut plus parce que Dieu l'avait enlevé, car avant son enlèvement, il avait reçu un témoignage qu'il était agréable à Dieu. Il marcha avec Dieu et fut enlevé à l'âge de 365ans. Il a persévéré dans la foi pendant 300 ans c'est- à-dire il rencontré Dieu pendant qu'il avait 65ans. Suivez bien les témoignages des hommes de foi. Nos ancêtres sont les modèles à suivre, qui seront enlevé quand Christ viendra prendre ces élus ? Il prendra ceux qui ont la foi et une foi qui produit. **Genèse 5 :21-24, Hébreux 11 :5**

C'est par la foi que Noé avait reçu les avertissements des choses qu'on ne voyait pas encore, il fut saisi d'une grande crainte, respectueuse, il construisit une arche pour sauver sa famille. C'est par la foi qu'il condamna le monde et devint héritier de la justice qu'il avait obtenu par la foi.

La démonstration de la foi de Noé

1. Il crut aux choses qu'il n'avait pas vues ;
2. La crainte de Dieu était en lui ;
3. Il avait obéi à Dieu puis avait construit l'arche.

Voici la foi de nos ancêtres, voyez-vous Noé cru et eu crainte de Dieu et exécuta l'ordre de Dieu en construisant l'arche. Quel était le résultat de sa foi ? Il était agréable à Dieu et avait sauvé sa famille par l'eau de déluge. L'église est entrain de préparé sa vie spirituel à travers la parole de Dieu et au moyen de la foi pour entrer en Jérusalem céleste où Christ régnera. **Genèse 6 :13-17, Hébreu 11 : 7 et Apocalypse 22 :6-16**

C'est par la foi qu'Abraham offrit Isaac lorsqu'il fut mis à l'épreuve d'où il devrait offrir son unique fils, pendant qu'il avait reçu un message qu'il aura une postérité appelait de nom. Il pensait que Dieu est puissant même pour ressuscités les morts aussi, il retrouva son fils, ce qui est une préfiguration.

La démonstration de la foi d'Abraham

Abraham à reçu Isaac pendant qu'il avait 100ans d'âges. Dieu lui demande Isaac en Holocauste :

- ✓ Il avait l'assurance que s'il lui donné en sacrifice, il va le ressuscité ;
- ✓ Il obéit à offrir l'enfant ;
- ✓ Il obéit à ne pas tuer l'enfant.

Il fut agréable à Dieu à cause de sa foi, il eut comme résultat devenir père d'une grande nation et les nations sont bénits par sa bénédiction par Jésus-Christ. **Genèse 22 :1-18, Hébreux 11 :17, Mathieu 1 : 1- 21**

La foi de Moise

C'est par la foi que Moise est devenu grand, il refusa d'être appelé fils de la fille du Pharaon, il préféra etre maltraité avec le peuple de Dieu que d'avoir la jouissance du péché, il regarda l'opprobre de Christ comme une richesse plus grande que le trésor de l'Egypte car il avait les yeux fixés sur la rémunération. C'est par la foi qu'il quitta l'Egypte sans êtres effrayé de la colère du roi car il se montra ferme voyant celui qui est invisible.

C'est par la foi qu'ils traversèrent la mer Rouge comme un lieu Sec tandis que les égyptiens qui tentèrent de passé furent engloutis.

Démonstration de la foi de Moise

- ✓ Il ne se réjouit pas de la vie du péché dans la maison de Pharaon et il quitta ;
- ✓ Sa foi avait produit la fermeté comme voyant celui qui est invisible ;
- ✓ Sa foi s'était assis sur la première chaise qui est la croyance, ils traversèrent la mer rouge comme un lieu sec. **Hébreux 11 :23-29**

C'est par la foi que les murailles de Jéricho fut tombèrent, après que l'on ait eu fait la tour pendant sept jours. Lors du passage des hébreux et Dieu leurs donna un ordre à suivre pour leurs serrées. Quel est cet ordre ? Il les demanda de faire le tour de la ville, tous les hommes de la guerre devrait faire un tour de la vile par jour et cela pendant six jours, sept sacrificateurs porteront devant l'arche sept trompettes retentissantes et le septième jour vous ferrez sept fois le tour de la ville et les sacrificateurs sonneront des trompettes. Josué et l'armé exécuta l'ordre de Dieu et la muraille s'écroula à cause de leurs obéissance à Dieu. La foi produit l'obéissance. **Josué 6 : 1-20**

Nos ancêtres dans la foi étaient agréables à Dieu car sans la foi, il est impossible d'etre agréable à Dieu.

C'est par la foi que Gédéon offrit à Dieu son offrande pendant que Dieu été venu le visitait afin de lui confier une mission. Cette mission consisté à délivré la ville de Manassé. Pourquoi les habitants du Manassé étaient-ils combattus ? C'est parce qu'ils déplaisent à l'éternel c'est-t-à dire ils ne marcher pas selon la volonté de Dieu. L'éternel le livra entre les mains de Madianites pendant sept ans.

Pour délivré Manassé, Dieu apparu à Gédéon et lui dit : vaillant héros, Gédéon lui dit : Ah mon Seigneur pourquoi toutes ces choses nous soit-il arrivés ? Et où sont tous ces prodiges que nos pères nous ont rencontrés quand ils disent que l'éternel ne nous a-t-il pas monté hors d'Egypte ? Maintenant il nous abandonne et nous livre entrain les mains de Madian. L'éternel lui dit vas avec cette force que tu as et délivre Israël.

Dieu était en train de dialogué avec Gédéon, il a voulu lui confié une mission qui celle de délivré sa ville, pendant ce temps Dieu n'avait porté le regard que sur Gédéon. Quand Dieu appel quelqu'un au ministère, il ne prend pas en compte toutes les raisons que l'homme pourra avancer pour bichoté sa mission. Ecoutons quelques raisons avancées par Gédéon :

- ✓ Eternel, ma famille est la plus pauvre de Manassé ;
- ✓ Je suis le plus petit dans la maison de mon père.

Dieu insistât toujours malgré ces raisons avancées, il lui dit : Je t'ai choisi vaillant héros. Il posa la question à Dieu, avec quoi je battrais Madian ? Nous sommes pauvres pour acheter les armes. Dieu lui dit va, je serais avec toi. Gédéon dit, si j'ai trouvé grâce à tes yeux, donne-moi un signe pour monter que ce toi qui me parle. Il voulait s'assurait que ce Dieu qui le parlait et qui lui confié la mission.

Quand il reconnut que ce Dieu qui lui parlait, il décida de lui honorer avec une offrande, Gédéon dit : Ne t'éloigne point d'ici jusqu'à ce que je vienne t'offrir mon offrande est que je la dépose devant toi. Et l'éternel lui dit : Je resterais ici jusqu'à ce que tu reviennes. Gédéon parti et retourna vers Dieu avec ses offrandes et Dieu commença à lui donner des orientations. Gédéon offrit à Dieu une excellente offrande.

- Il prit le chevreau ;
- Un éphra de farine de pain sans levain.

Quand l'offrande fut consommée, écoute la parole de Gédéon : malheur à moi car je vu l'ange de l'éternel face à face. Gédéon confirme lui-même qu'il a vu Dieu malgré les raisons qu'il avait avancé, il était humble devant Dieu. Ecoutons Gédéon :

- ✓ Ma famille est plus pauvre ;
- ✓ Je suis le plus petit de ma famille ;
- ✓ Malheur à moi car j'ai vu l'ange de Dieu face à face.

Vous voyez les paroles d'humilités qui sortaient dans la bouche de Gédéon. Dieu à accepter l'offrande de Gédéon. Ce par la foi que Gédéon offrit à Dieu une offrande par excellent. Donc le dialogue entre Gédéon et Dieu avait eu lieu pendant la nuit. Dieu dit à Gédéon que pour que ta mission ayez du succès, renverse tout d'abord l'hôtel de baal qui est ton père. Gédéon obéit à l'ordre du Seigneur. Il marchait toujours selon les orientations données par Dieu.

C'est par la foi que Gédéon marchait cotre Madian, il a fait les exploits avec son Dieu, il a renversé les ennemis des Israelites. La foi de Gédéon avait l'humilité, l'obéissance et la crainte de Dieu, les hommes d'Israël dirent à Gédéon de dominé sur eux mais Gédéon refusa et dit je ne peux pas dominer sur vous, que l'éternel votre Dieu domine sur vous. Gédéon avait régner en paix pendant 40ans. **Juge 6 :1-40, Juge 7 :1-25, Juge 8 : 1-28**

C'est par la foi que les trois compagnons de Daniel éteignirent la puissance du feu dont nous citons : Schadrac, Meschac et Abed-Négo. Les trois frères étaient juifs à Babylone. Ils ont été élevés comme les intendants de la province.

Le roi Nébucadnetsar fut une statue d'or de soixante coudées de hauteur et de six coudées de largeur. Il le dressa dans la vallée de Dura dans la province de Babylone.

Dans les pages précédentes, j'ai dit que la vie en Christ ne pas facile comme du pain et du thé pour consommer c'est-à- dire la vie en Christ est une vie de combat. Les Juifs étaient de Dieu, c'est-à-dire le peuple d'Israël fut considérer comme le peuple de Dieu.

Ces trois juifs ont la responsabilité à Babylone et le diable s'éleva pour leurs combattre. Nabucadnesar a fait sortir l'ordonnance loi disant : que les peuples, les nations, les hommes de toutes les langues doivent adorer le statut d'or. Quiconque ne se prosternera pas et n'adoreras pas sera jeté à l'instant même dans la fournaise ardente de feu.

Tous ces trois juifs connaissaient bien les dix commandements de Dieu par ce que leurs parents leurs avaient appris par l'ordre de Dieu. Ecoutons ce que Dieu avait dit à leurs parents. Tu les inculqueras à tes enfants et tu en parleras quand tu seras dans ta maison. **Daniel 6 :1-7** Les trois jeunes homes sont devant un fait qui est etre bruler par le feu à cause de Dieu ou soit, ils n'ont pas eu la crainte de feu et ils ont refusé à adoré le statut d'or qui es l'idolâtrie.

Ecoutez les commandements de Dieu à ces enfants :

1. Tu n'auras pas d'autres Dieu devant ma face ;
2. Tu ne te feras point d'image taillé, ni des représentations quelconques des choses qui sont en haut dans les cieux, des choses qui sont en bas sur la terre et qui sont dans les eaux plus bas que la terre. Voici les commandements que ces trois jeunes connaissaient depuis leurs enfances. Exode 20 :1-17. Ce le moment où l'ont remarqué la foi qui produit l'obéissance, la crainte de Dieu et la confiance en Dieu.

Au moment où le son fut entendu, tout le peuple, la nation et tous les hommes se prosternèrent et adorèrent la statue d'or qu'avait élevée le roi Nebucanesar. Quelques chaldéens s'approchèrent et accusèrent les trois Juifs, ils prirent la parole et dirent au roi : Tu as donné l'ordre que tout le monde adore la statue mais ces juifs que tu as remis l'intendance de la province de Babylone ; schadrac, Méchaque et Abed-Négo, hommes qui ne tiennent pas compte de toi o roi, ils ne servent pas tes dieux.

Le roi fut irrité et furieux, il donna l'ordre d'amener tous les trois frères Juifs. Quand il fut arrivés, le roi dit maintenant tenez-vous prés et au moment où vous entendrez le son de la music, vous vous prosternerez et vous adorerez la statue, sinon vous serez jeté au feu.

Ecoute maintenant la réponse provenant de ces trois compagnons de Daniel, ils sortirent les paroles de crainte de Dieu, les paroles de l'assurance à Dieu, les paroles ce croyance à Dieu. Ces trois compagnons de Daniel voulais donner la gloire à leurs Dieu, ils ont souhaité honoré leur Dieu ce pour quoi ils ont obéit aux commandements de Dieu.

Ils répliquèrent au roi disant : Nous n'avons pas besoin de te répondre là-dessus, nous avons les commandements de notre Dieu qui dit de ne pas adoré la statue et tout autre représentation quelconque, nous nous adorerons seulement notre Dieu, le Dieu créateur, s'il faut nous jeté dans la fournaise ardente, j été-nous. Voici notre Dieu que nous servons peut nous délivrés de cette fournaise ardente et il nous délivrera de ta main o roi. Voyez-vous la foi qui produit la crainte, l'assurance, la croyance et la confiance à Dieu. La fermeté dans ces trois compagnons de Daniel, ils disent advienne que pourra, e disent encore au roi que nous ne servirons pas tes dieux et nous n'adorerons pas la statue d'or que tu as élevé.

Le roi fut rempli de fureur et changea de visage par la colère et tournant ses regards contres ces trois compagnons de Daniel, il prit la parole et ordonna de chauffé sept fois plus qu'ils ne convenaient de la chauffé puis il commanda à quelques-uns de plus vigoureux soldats de liés les trois compagnons de Daniel, ils les lièrent puis leurs jeta dans la fournaise ardente.

Les trois compagnons sont dans la fournaise ardente. Le Dieu d'Israël opéra un miracle pour montrer sa puissance. Le roi dit : n'avons-nous pas jeté au milieu du feu trois hommes liés ? Ils répondirent certainement roi. Le roi reprit et dit : eh bien je vois quatre hommes non liés qui marchent au milieu du feu et qui n'ont point de mal et la figure du quatrième ressemble à celle d'un fils des dieux.

Le roi Nébucanasar prenant la parole, il dit Schadrac, Méschac, Abed-Négo ici je voudrais que ici je voudrais quelque chose ou une parole que ces trois jeunes ont prononcé devant le roi et le roi prononça encore la même parole, voici notre Dieu que nous servons peut nous délivrés de la fournaise ardente. Le roi fut étonné par le miracle de la délivrance que Dieu avait opéré en faveurs de ces trois jeunes hommes.

Le roi les appela disant Serviteurs de Dieu vivant, du suprême sortez puis venez et sortirent du milieu du feu et le Dieu de ces trois frères fut bénit, glorifié et le roi ordonna que désormais nous adorerons tous le Dieu de Meschac, de Schadrac, et D'Abed-Négo.

Notre Dieu est le feu dévorant ce pour quoi il avait anéanti la puissance du feu préparée par les hommes. La foi vient de ce que l'on entend et ce que l'on entend ce la parole Christ et la foi produit l'obéissance, la crainte, l'humilité, la fermeté, la patience, et la croyance à Dieu notre père.

La foi est assise sur trois chaises qui sont : la croyance, la confiance et l'assurance à Dieu. Nous avons vu l'exemple de ces trois jeunes garçons. Ils ont vaincu la puissance du feu par la foi. **Daniel 3 :1-30**

Dans les lignes précédentes nous avons dit que nous sommes dans ce monde qui est dirigée par le diable, comme les croyants en Christ sont dans ce monde, ils sont combattu, ce pourquoi la vie chrétienne est une vie de combat, sachez le bien tous les croyants en christ. Qu'est-ce que l'apôtre Pierre nous dit que soyez sobre et veillez car votre adversaire le diable rode comme un lion rugissant cherchant qui dévoré, résistez-lui avec une foi ferme.

Nos ancêtres dans la foi ont passé leur temps terrestre dans les combats tous les jours de leurs vies mais ils résistaient toujours et ils étaient des vainqueurs à cause de leurs foi en Dieu, la foi qui produit, ce pourquoi les combats ne manquera jamais car nous sommes dans ce monde de combat dirigé par l'ennemi juré de Dieu, il est aussi l'ennemi des enfants de Dieu en Jésus-Christ notre Seigneur et Sauveur. **II Corinthiens 4 :1-4, I Pierre 5 :8**

C'est par la foi que Daniel ferma la Guelle de lion à Babylone, les Juifs étaient en captivité et le jeune Daniel avait un esprit supérieur que Dieu l'avait donné de l'intelligence et de la sagesse pour expliquer des songes et les écritures écrites contre le roi.

Les magiciens, les marabouts, les sages et les astrologues de Babylone n'ont plus expliqué les écritures qui étaient écrites contre le roi Nebucadnetsar. Voici les écrits contre le roi : Alors ont apporta les vases d'or de la maison de Dieu à Jérusalem et le roi ainsi que ses femmes et ses concubines s'en servent pour boire. Les matériels saints qui étaient dans la maison de Dieu, le roi les avaient utilisés à l'occasion de son festin. Ils burent du vin et ils louèrent leurs dieux d'or, d'argent, d'airain, de fer, de bois et de pierre. En ce moment apparut les doigts d'une main d'homme et il écrivait en face, on appela Daniel pour donner une explication.

L'écriture écrite contre le roi de Babylone : O roi il y'a dans ton royaume un homme qui as en lui un esprit supérieur, c'est Daniel qui expliques les écritures. Oh roi le Dieu Suprême avait donné au roi Nabucadnetsar ton père l'empire. La grandeur, la gloire et la magnificence et à cause de la grandeur qu'il l'avait donné, tous les peuples les nations , les hommes de toutes les langues étaient dans la crainte et tremblaient devant lui, le roi tué les personnes qu'il voulait et il élevé ceux qu'il voulait et toi beltschatsar son fils, tu n'as pas humilié ton cœur quand tu as sui toutes ces choses, tu t'es élevé contre le seigneur de cieux, les vases de sa maison ont été apportées devant toi et vous vous êtes servis pour boire du vin, tes grand, tes femmes et tes concubines. Lorsque Daniel finit d'expliqué les écritures, le roi trouva bon de l'établir sur tout le royaume de Babylone. Ace moment la guerre commença contre Daniel, on commença à se comploté contre lui en le cherchant.

L'occasion d'acquisition on n'en trouva pas point par ce que Daniel était fidèle dans son poste. Ils ont changé la stratégie, ils ont voulu le tenté en touchant la loi de son Dieu.

Tous les chefs du royaume, les intendants les satrapes, les conseillers et les gouverneurs sont d'airs qu'il soit publié un édit royal avec une défense sévère partout que quiconque adresseras les prières à quelque Dieu ou quelques hommes, excepté à toi o roi, sera jeté dans la fosse aux lions. La dessus le roi Darius écrit un décret et la défense. La vie en crist est une vie de combat, c'est ne pas une vie facile ? Voyez-vous comment les combats se sont levés contres nos ancêtres. Ils étaient combattu, notre seigneur aussi était combattu et pourquoi pas nous ? **I Pierre 2 :20-25**

Lorsque Daniel suit le secret, il se retira dans sa maison ou les fenêtres de la maison du cambre supérieur était ouvertes dans la direction de Jérusalem et il se mettait à genoux prié et loué son Dieu trois fois par Jour comme il le faisait au paravent. Daniel fut accusé par ces ennemis et il fut arrêté et jeté dans la fosse aux lions mais rien comme m al n'était arrivé à Daniel car son Dieu est le lion du tribut de Judas. La foi de Daniel produit la confiance à son Dieu, par sa fois il ferma la Guelle des lions. **Daniel 4 :1-37 ; Daniel 5 :1-30, Daniel 6 :1-24**

C'est par la foi qu'Elise s'échappa au tranchant de l'épée de syriens, Elisée était à Dieu, il fut enlevé au ciel, il remplaça Elie et le roi de Syrie était en Guerre avec Israël, chaque fois que le roi de Syrie planifiais soit donner le plan pour la Guerre, pour attaquer Israël, le Serviteur de Dieu le prophète Elisée Dieu lui révélait toutes les secrets, le plan du roi de Syrie et le prophète dénoncée cela au roi d'Israël. Le roi de Syrie fut troublé et ne comprenait pas ce qui se passais, il demandât à ces serviteurs ce qui n'allez pas, il posa la question de savoir si parmi eux il y'avait une personne qui le trahissait vers le camp d'Israël ?

L'un d'eux lui répondit que non seigneur personne de nous ici qui est pour le camp d'Israël mais je vous dis qu'il y'a quelqu'un en Israël au nom d'Elisée qui est un prophète, ce lui qui rapporte toutes les paroles que tu nous prononce au roi d'Israël. Le roi de Syrie prit la résolution d'aller arrêter Elisée et lui à amener. Il prépara des chameaux, des chairs et une forte troupe qui arrivèrent de nuit et enveloppèrent la ville quand le serviteur de l'homme de Dieu se levèrent et sorti de sa maison voyant une troupe entouré la ville avec des chevreaux et des chars. Le serviteur dit à l'homme de Dieu Elise que ferons nous mon seigneur ? Elisée lui répondit et dit ne crains point, car ceux qui sont avec nous sont en plus grand nombre que ceux qui sont avec eux. Voyez-vous la foi d'Elisée, il assure son serviteur de bannir la crainte, nous sommes entouré d'une forte armée céleste. Elisée pria et dit : éternelle, ouvre ses yeux pour qu'il voie et l'éternel ouvrit les yeux du Serviteur d'Elisée qui vit la montagne plaise de chevreau et des chars de feu autour d'Elisée.

Les syriens descendirent vers Elisée, le prophète adressa la prière vers Dieu et dit : Eternel frappe d'aveuglement cette nation et l'éternel frappa d'aveuglement selon la parole d'Elisée. Elisée parti vers eux puis leurs dit : c'est ne pas ici la ville que vous cherchez, suivez-moi et je vous conduirez vers l'homme que vous cherchez et Il les conduisit à Samarie. Quand ils arrivèrent à Samarie, Elisée pria encore et Dieu ouvra les yeux de ces gens, pour qu'ils voient et l'éternel ouvrit leurs yeux et ils virent qu'ils étaient au milieu de Samarie. **II Rois 6 : 8-20**

C'est par la foi que Jephté combattit les ammonites. Ce jeune frère était rejetait par ces frères, les enfants de Galaad leurs père. Ces enfants dévirent Grands et chassa leurs ainés d'une autre maman qui était Jephté, ils lui dirent tu n'hériteras pas la maison de notre père, car tu es fils d'une autre femme et Jephté s'enfuis loin de ses frères et il habita dans le pays de tab.

Il eut guerre entre les fils d'Amnon et Israël, les anciens de Galaad allaient chercher Jephté au pays de tab, ils dirent vient tu seras notre chef et nous combattrons les fils d'Amnon. Ecoute les paroles de Jephté, il leurs posa la question : N'avez-vous pas eu de la haine pour moi et ne m'avez-vous pas chassé de la maison de mon père ? Pourquoi venez-vous en moi maintenant que vous êtes dans la détresse ?

Rejeté les hommes ne pas de Dieu, la Bible nous dit par un serviteur de Dieu car mon père et mère m'abandonnent mais l'éternel me recueillera **Psaume 27 :9-10**

Les anciens de Galaad dirent à Jephté que nous revenons à toi maintenant afin que tu marches avec nous, que tu combattes les fils d'Amnon, et que tu sois notre chef, celui de tous les habitants de Galaad. Si vous me ramenez pour combattre les fils d'Amnon et que l'éternel les livres devant moi, je serais votre chef.

Les anciens de Galaad dirent à Jephté que l'éternel nous attend et qu'il juge si nous ne faisons pas ce que tu dis, et Jephté parti avec les anciens de Galaad, le peuple le mit à la tête et l'établit comme chef puis Jephté répéta devant l'éternel à Misipa, toutes les paroles qu'il avait prononcées ; Jephté était vaillant héros, il marcha contre les fils d'Amnon par la foi.

Parfois tu te sens rejeté, abandonné des hommes, de considéré, minimiser, tu te sens sans valeur aux yeux des hommes, est ce que tu peux avoir maintenant la foi comme Jephté ? Crois-tu que Dieu peut faire quelque chose dans ta vie comme il la fait à Jephté ? **Juges 11 :1-32**

C'est par la fois qu'Ezéchias fut la guéri de sa maladie, Ezéchias à Juda avait reçu la fonction soit les responsabilités lui 25ans d'âges. Il devient roi, il marcha comme son père David dans la droiture aux yeux de Dieu. Il avait reversé toutes les idoles, il a mis en pièces les serpents d'airain que Moise avait fait car les enfants d'Israël venaient encore bruler les parfums devant lui, on appelait ce serpent Nehaschtan. Ecouté à Ezéchias, il mit sa confiance en l'éternel, il fut attaché à l'éternel puis il observa les commandements de l'éternel.

Ezéchias battit les philistins, l'éternel écoutât sa prière, il exauça sa prière par des prodiges contre sancherib qui minimiser son Dieu, il tomba malade, la maladie qui l'amenait à la mort. Quelle était la réaction du roi Ezéchias ?

En ce temps-là, le roi Ezéchias fut gravement malade, Le prophète Esaïe vint auprès de lui et lui dit : Ainsi parle le Seigneur, donne les ordres dans ta maison car tu mourras et tu ne vivras plus. Ezéchias tourna son visage contre mure, il fut cette prière à l'éternel : O éternel souvient toi que j'ai marché devant ta face avec fidélité et intègre de cœur puis j'ai fait ce qui est bien à tes yeux et il rependit d'abondante larmes.

Et l'éternel exauça sa prière et dit au prophète Esaïe retourne et dit à Ezéchias chef de mon peuple ainsi parle l'éternel : j'ai entendu ta prière, j'ai vu tes larmes, voici je te guérirais, le troisième jour tu monteras dans la maison de l'éternel et il fut guéri de sa maladie puis Dieu l'ajouta encore 15ans de vie. Par la foi Ezéchias fut guéri de sa maladie, il était obéissant, humble à l'égard de Dieu. Il craignait Dieu dans sa vie grâce à sa foi. **II Rois 18 :1-7, II Chroniques 32 :9-22 ; II Rois 20 :1-7**

C'est par la foi que Josué renversa cinq rois. Dans les pages précédentes de ce livre nous avons parlé de la foi de Josué, il renversa le mur de Jéricho, la bible nous dit que Jéricho était fermé et barricadé devant les enfants d'Israël, personne ne sortait et personne n'entrait. L'éternel donna l'ordre à Josué et Josué écoutât l'ordre de l'éternel puis il obéisse à cet ordre. Les murailles de la ville s'écroulèrent par la foi par la foi. Josué 6 :1-21.

Alors les cinq rois se complotèrent contre Gabaon qui avait déjà fait la paix avec Josué, le roi du Gabaon demanda de l'aide à Josué et dit n'abandonne pas tes serviteurs monté contre nous en hâte, délivre nous, donne nous secours car tous les rois des amoréens qui habite la montagne, se sont réunis contre nous, Josué monta de Guilgal lui et tous les gens de la guerre et tous les vaillants hommes. L'éternel dit à Josué ne les crains point car je les livres entres tes mains et aucun d'eux ne tiendra devant toi. **Josué 1 :1-5**

L'éternel les mis en déroute devant Israël et Israël leur fut éprouvé une grande défaite près de Gabaon, ils les poursuivirent sur le chemin qui monte à beth-horon, comme ils fuyaient devant Israël et qu'ils étaient à la descente de bech-Horon, l'éternel fit tomber du ciel sur eux de Grosse pierres.

Alors Josué parla à l'éternel le jour où l'éternel livra les ammonéens aux enfants d'Israël et il dit en présence d'Israël que le soleil s'arrête sur Gabaon et la lune sur la vallée d'Ajolant puis s'était fait comme il avait dit, c'est la foi de Josué qui aurais fait arrêtais le soleil et la lune. Il n'y a point eu des jours comme celui-là où l'éternel ait écouté la voix d'un homme car l'éternel combattait pour Israël. Josué avait obéit à tous les ordres venant de l'éternel son Dieu. Il avait l'assurance à Dieu, il eut confiance à Dieu et il combattit les rois, les ennemies des enfants d'Israël. **Josué 10 :1-21**

La foi avait fait triompher nos anciens dans le monde.

Triomphé : Conquérir, avoir la victoire sur la supériorité, la puissance conquérante, une réelle supériorité conduisant à un sucés écrasant. La victoire totale qui implique la défaite de l'ennemie.

Les croyants en christ sont dans ce monde dont le système satanique caractérise la tromperie et le mal. Le croyant triomphe du système invisible du mal démoniaque et humain qui est un instrument entre les mains de Satan pour s'emparé des âmes des hommes puis les conduisent en enfer.

La foi de nos ancêtres accompagnés des œuvres de bonne foi. C'est par la foi qu'ils ont acceptés de mourir pour donner la gloire à leur Dieu, ils étaient tués, massacrés.

Suivons les bonnes œuvres de leur foi et les massacres qu'ils ont endurés comme souffrance. Nous donnons quelques détails dans les lignes suivantes :

C'est par la fois que rabab la prostituée ne périt pas avec les rebelles, parce qu'elles avaient reçu les espoirs avec bienveillance. C'est par la foi qu'Abraham offrit Isaac lorsqu'il fut mis à l'épreuve et qu'il offrit son fils unique lui qui avait reçu les promesses.

C'est par la foi qu'ils vainquirent des royaumes, exercèrent la justice, obstinèrent des promesses, fermèrent la Guelle des lions. C'est par la foi, qu'ils éteignirent la puissance du feu, échapper au tranchant de l'épée. C'est par la fois qu'ils guérirent de leurs maladies.

C'est par la foi qu'ils furent vaillants à la guerre, mirent en fuite des armés étrangers. C'est par la foi que les femmes recouvrèrent leurs morts par la résurrection. C'est par la fois que d'autres furent livrés aux tourments et n'acceptèrent point la délivrance afin d'obtenir une meilleur résurrection. C'est par la foi que d'autres subirent les moqueries et les fouées, les chaines et la prison. Ils furent lapidés, torturés, ils moururent par l'épée. Ils partirent çà et là vêtu de peaux de brebis et des peaux des chèvres, ils étaient maltraités dont le monde n'était pas digne et rang dans le désert et les montagnes dans les corvées et les autres de la terre tous ces croyants à la foi de la quelle, ils avaient reçu les témoignages, ils n'ont pas obtenus ce qui leurs étaient promis, Dieu ayant envie de quelque chose de meilleure pour nous afin qu'ils ne parviennent pas sans nous à la perfection.

Nos ancêtres ont passé leur vie terrestre dans le combat, ils étaient combattus contre l'adversaire qui est le diable Satan. Mais au finish ils étaient victorieux, ils ont triomphé ce monde par leurs foi en Dieu.

Quelques noms de vaillants héros dans la foi :

- Hénoch homme de foi dans son temps vaincu trois soixante-cinq ans et fut enlevé, ne vu pas la mort parce qu'il n'était agréable à Dieu a cause de sa foi ;
- Abel : Dieu accepta son offrande parce qu'il offrit par la foi ;
- Noé : Par sa foi il construit l'arche et fut sauvé sa vie ;
- Abraham : Par sa foi, il eut crainte et offrit son fils unique à Dieu puis écouta encore la voix de Dieu qui lui demanda à ne pas tuer ;
- Moise : Par la foi, ils traversèrent la mer rouge à sec avec les Israël ;
- Gédéon : Par la foi, il combattit les madianites ;
- Jephté : Par la foi, il combattit les ammonites.

- Josué : Par la foi, ils renversèrent la muraille de Jéricho et combattirent les cinq rois et par le soleil, la lune suspendu sa course.

L'Samuel : par la foi, il dirigea le peuple d'Israël entend que Juge dans la crainte de Dieu.

- David : par la foi, il renversa le géant Goliath, Guerrier depuis sa Jeunesse ;
- Elie : par la foi, il établit l'autel de l'éternel, il renversa l'autel de Baal et égorgea les quatre cent cinquante prophètes ;
- Elisée : par sa foi qu'il échapper au tranchant de l'épée de ceux ennemis et pria Dieu de le frappée d'aveuglement et Dieu exauça sa prière ;
- Ezéchias : par la foi, il fut guérie de sa maladie, sa maladie était à la mort me il a priée et dieu lui exauça, il fut guerrier 15 années lui furent ajoutées ;
- Meschac : c'est par la foi que ces trois compagnons de Daniel éteignent la puissance du feu à Babylone.
- Daniel : C'est par la foi qu'il ferma la Guelle de lions. Nos anciens ont triomphé du monde, ils étaient agréable à Dieu par la foi, donc la foi rend l'homme agréable à Dieu, car sans la foi il est impossible de lui être agréable. La foi produit l'obéissance, la crainte, la sainteté, la fermeté, l'humilité, la patience et la persévérance. **Hébreux 11 :4-13, Hébreux 11 : 17-40**

Nos anciens sont en repos, ils ne sont plus encore physiquement .Ils nous ont laissés l'exemple de la foi, ils ont eu témoignage quoi que mort, mais il parle encore la bible qui est la parole de Dieu est notre vérité. Les témoignages mènent ce temps de l'église de suivre l'exemple de nos anciens par la foi écouté pour la foi de l'église, car tous ce qui est né de dieu triomphe du monde et la victoire qui triomphe du monde c'est notre foi qui est ce qui a triomphé du monde sinon celui qui croit que jésus est le fils de Dieu. L'église c'est celui qui a reçu ou qui a cru en jésus comme seigneur et sauveur dans sa vie.

Qui marche dans l'obéissance, dans la crainte, dans l'humilité, et dans l'amour de Dieu et du prochain, qui ont crucifié la chaire avec les passions et les désirs. **1Jean 5 :1-6**

Ecouté ce que dis l'église : j'ai été crucifié avec christ, et si je vis ce ne plus moi qui vis, c'est christ qui vit en moi, si je vis maintenant dans la chaire, je vis dans la foi .**Galates 2 :20**. C'est pourquoi sache que l'église du temps de la fin est dans le moment difficile, le temps dont les difficultés sont énormes.

Temps : renvoi plutôt des époques qu'à des temps misérables par horloge ou calendrier des moments dangereux pleins de sauvageries, bon devenir de plus en plus fréquent à l'approche du retour de Christ, l'ère de l'église est riche en dangereux mouvement qui devienne de plus en plus au fur et à mesure que la fin s'approche.

L'apostasie est déjà dans l'église et l'église est dans la confrontation avec l'apostasie. Les faux prophètes viendrons, ils sont déjà là dans et ils sont entrain de séduire beaucoup de gens et beaucoup des marabouts, des magiciens, des féticheurs sont en train d'implanté aussi leurs permanences qui se nomme aussi du nom église.

Ils ne prophétisent que les mensonges, ils invoquent les esprits et prédit l'avenir en faisant étonné le monde par leurs fausses miracles, beaucoup laisse leurs églises locales et s'en vas vers eux cherchant les solutions à leurs problèmes, les autres s'en va chercher la protection par crainte de la mort, la crainte impure et la peur de sorciers.

Une jeune maman avait quitté Kinshasa, arrivé à Kikwit elle commença à prier dans une église, elle était célibataire, elle a fait plus au moins 10 ans dans cette église, après quelques temps la sœur ne se présenté plus encore dans l'église, un jour elle s'est rencontré avec un frère de l'église là où elle priait et lui posa la question pourquoi de savoir pourquoi tu ne viens plus à l'église ? Elle répondit le pasteur ainsi que les autres évangélistes mais dans cette église les gens ne sont pas bénits. Aujourd'hui elle se trouve dans une permanence pour chercher le mariage **Actes 8 :9-24**

La foi vient de Dieu et cette foi est une foi qui produit tout homme et femme qui as rencontré Christ, qui se repentit sincèrement de ces péchés, il marche avec Dieu en Jésus-Christ dans cette foi, beaucoup viennent à l'église locale avec ses propres intentions humaines. Dans la bible beaucoup ont mangé du pain et ils étaient rassasier quand christ à multiplier les pains, il fut partie et la foule le poursuivais puis le trouva et ils lui demandèrent : Rabbi quand tu es venu ici ? Le seigneur leur dit : En vérité, en vérité vous me chercher non par ce que vous avez vu les miracles mais parce que vous avez mangé des pains et vous avez étaient rassasier.

Ce genre des croyants dans les églises locales ne résiste pas pendant les moments difficiles, aux paroles dures, à la persécution. Ils abandonnent leurs foi en Christ, ils disent que la vie en Christ soit la vie Chrétienne est difficile qui pourra la supporté ? **Jean 6 :22-40 et Jean 6 :41-60**

Si nous suivons Christ premièrement pour les intérêts humaines, sa serais difficile de résisté à la situation difficile.

Ecouté ce que le seigneur Jésus est en train de nous révéler, ce qui vas arriver dans ce monde matériel et il dit plusieurs viendront à mon nom disant que ce moi le christ et ils séduiront beaucoup des gens, une nation s'élèvera contre une autre nation, alors on vous livrera au tourment et l'on vous fera mourir et vous serais haï de toutes les nations à cause de mon nom.

Puiseurs succomberont, ils se trahiront, se haïront les uns et les autres et par ce que l'iniquité se sera accru, l'amour du plus grand nombre se refroidira mais celui qui persévéra jusqu'à la fin sera sauvé. Ce sont les signes que le seigneur Jésus christ décrit dans la bible. SI cette foi que je suis en train de parler ne pas en vous croyant en christ, il sera difficile que vous puissiez produire les fruits tels que : L'obéissance, la crainte de Dieu, la sainteté, la patience, la persévérance

Il continue à dire que vous aurez des tribulations dans le monde mais prenez courage, moi votre Seigneur j'ai vaincu le monde. Avec quelle foi prendront courage ? C'est avec la foi authentique qui produit. **Mathieu 24 : 9-13, Jean 16 :33**

L'Apôtre Paul exhorte l'église d'Ephese disant : nous sommes dans ce monde matériel et nous portons le corps physique mais le combat est spirituel car notre ennemi est un esprit, ces agents sont les esprits impures (les démons). Il exhorte l'église que notre combat est contre les 4 catégories des esprits qui dirige les autres esprits. Il a afin cité quatre armes qu'il faut s'en servir pour combattre ces mauvais esprits.

Les ennemis qui nous combattent :

- Les dominations ;
- Les autorités ;
- Les princes de ce monde de Ténèbres ;
- Les esprits méchants dans les lieux célestes.

Le Diable avait répartie les taches ou les responsabilités aux mauvais esprits ou les démons. Les démons utilisent les personnes pour attaquer les croyants dans le monde spirituel, donc Satan est bien organiser dans son royaume de ténèbres afin de nous combattre.

Les armes spirituel du croyant du croyant en christ pour renverser l'ennemi sont les suivants :

- La vérité pour ceinture qui est la sincérité ;
- La justice comme curasse qui est la vie de la sainteté ;

- La boucle de la foi ;
- Le zèle de l'évangile.

Nous ne luttons pas contre la chaire et le sang mais contre les dominations, contre les autorités, contre les princes de ce monde de ténèbres, contre les esprits méchants dans les lieux célestes. C'est pour quoi, prenez toutes les armes de Dieu afin de pouvoir résister dans les mauvais jours et tenir ferme après avoir tout surmonter.

Les trois enflammés du malin :

- Le mensonge vient du Diable ;
- L'injustice vient du Diable ;
- La paresse vient du Diable.

Les croyants doivent marchés dans la sincérité qui est la vérité, vouloir être sincère dans toutes les circonstances. Les croyants doivent êtres justes ou vivre dans la justice qui est la sainteté. Les croyants doivent avoir le zèle de l'évangile car la paresse vient du diable. Les croyants doivent avoir la foi qui est les trois enflammés du dernier arme spirituel termine par la foi. **Ephésiens 6 :18, Esaïe 59 :17, II Corinthiens 7 :1, Romain 5 :6-10**

La vie n'est pas une vie facile, le Seigneur Jésus avait dit à ces disciples que celui qui veut me suivre qu'il se renonce de lui-même et qu'il se charge de sa croix et qu'il me suive. Je veux savoir si pendant les trois ans du ministère de Jésus sur la terre, sa vie était une vie joyeuse ?

L'ennemi nous combat, il multiplie les stratégies pour nous éloigner de Dieu. Il nous combatte chaque afin que vous compreniez que la vie chrétienne est une vie de combat, écouté l'exhortation de l'apôtre Paul : Vivez toujours dans l'humilité et soyez sobre et veillés car votre adversaire le diable rode comme un lion rougissant cherchant qui dévoré, résistez lui avec une foi ferme. Sachant que les mêmes souffrances sont imposées à vos frères dans le monde.

Frère vous voyez comme la vie chrétienne est et le Dieu de grâce qui vous a appelé en Jésus-Christ, à sa gloire éternelle, après que vous aurez souffert un peu de temps, il vous perfectionnera lui-même, vous affermira, vous fortifieras et vous rendra inébranlable. **I pierre 5 :8-10**

Ecoute encore l'apôtre Paul nous montre que la vie chrétienne est une vie de combat, les faux apôtres combattaient Paul, ils ne voulaient pas que Paul puisse mériter aussi les biens de l'église, ou qu'il soit aussi soutenue par l'église, les soit disant Apôtres lui combattaient, ils pensaient en eux même que l'apôtre Paul détourné les biens du collecte pour l'église de Jérusalem ce pour quoi ils refaisaient à le soutenir de la part de l'église de conrinte. Paul dit s'ils sont apôtre moi aussi mais par les souffrances comme Paul avait souffert :

- Par les couts c'est-à-dire le frappe ;
- Par les emprisonnements ;
- Les dangers de morts ;
- Cinq fois reçu des juifs quarante coup moins un donc 39 coups ;
- Trois fois il était battu par les verges ;
- Une fois il était lapidé ;
- Trois naufrages un jour et dans l'abime.

En péril sur les fleuves, en péril de la part des brigands, en péril de la part de ceux de ma nation, en péril de la part des païens, en péril dans le désert, en péril dans la mer, en péril parmi les faux frères dans toutes ces souffrances, ces difficultés mais l'apôtre Paul montre qu'il avait une foi authentique, il était ferme dans tous ces choses sans se relâché dans sa foi à cause des difficultés qu'il rencontré sans la foi, il ne pouvait etre agréable à Dieu. **Il Corinthiens 11 :7-15**, **Il Corinthiens 11 :22-33**

L'apôtre Paul continue toujours a encouragé les chrétiens de Philippe, il les dit : Je suis persuadé, je sais que je demeurerais et que je resterais avec vous tous pour votre avancement et pour votre joie dans la foi, seulement conduisez-vous d'une manière digne d'évangile de Christ afin que je vienne vous voir soit que je reste absent, que j'entends dire de vous que vous demeuré ferme dans un même esprit, combattant d'une même âme pour la foi.

Il dit encore que sans vous laisser aucunement effrayer par les adversaires, ce qui est pour eux une preuve de perdition mais pour vous de salut et cela vient cde Dieu car il vous a était fait la grâce par rapport à Christ, non seulement de croire en lui mais aussi de souffrir pour lui en soutenant le même combat que vous m'avez vu soutenir et que vous apprenez maintenant que je soutien encore. Vous avez entendu les langages de la foi dans les paroles qui sort de la bouche de Paul. **Philippiens 1 :20-30**

La foi joue un rôle important dans la vie du croyant, la foi est au centre de notre vie spirituel en jésus christ notre seigneur vraiment sons la foi n espérée pas être agréable à Dieu.

- Les croyants sont enrichis par l'esprit au moyeu de la foi ;
- sanctifier la vie de pureté par la foi ;
- Les croyants son gardé en jésus christ par la foi ;
- Les croyants sont affermis par la foi en Jésus –Christ ;
- Les croyants marchent avec le Seigneur Jésus- Christ par la foi ;
- Les croyantes surmontent les difficultés par la foi ;
- Guéri de maladies par la foi ;

Chères croyant voyez-vous la foi c'est qu'elle est ce qu'elle fait dans la vie de l'homme de croyant, la foi en notre Seigneur Jésus-Christ. A lyres se tenait assis un homme impotent des pieds boiteux de naissance et qui n'avait jamais marché, mais après avoir écouté l'évangile prêché par l'apôtre Paul il eut foi en jésus et fut guéri **Actes 14 :9-27, Mathieu 9 :2.** Par le moyen de la foi l'homme est purifié, sanctifié dans sa vie. **Actes 15 :1-9**

Les croyants en Christ sont gardés dans le Seigneur par la foi dans le Seigneur Jésus par la foi dans leurs vies. Bénit soit Dieu, le père de notre Seigneur Jésus-Christ qui selon sa grande miséricorde nous as régénéré par une expérience vivante, par la résurrection de Jésus-Christ d'entre les morts pour un héritage qui ne peut se corrompre, ni se souiller, ni se flétri qui est réservé dans les cieux pour ceux qui par la puissance de Dieu était gardé dans la foi pour le salut qui prêt être relevé dans les derniers temps.

Vous voyez la foi, elle garde le croyant dans le seigneur jusqu'au dernier Jour. Ecoutons encore ce que l'apôtre dit concernant la foi, il dit : Vous l'aimez sans l'avoir vu, vous croyez en lui sans l'avoir vu, réjouissant d'une joie merveilleuse et glorieuse par ce que vous obtiendrez le salut de vos âmes pour le prix de votre foi. **I Pierre 1 :3-9**

Le croyant marche chaque jour de sa vie par la foi, il a de l'assurance qu'il verra le ciel dont il ne voit pas aujourd'hui pendant qu'il possède encore ce corps physique. Ecoutez ce que l'apôtre dit aux croyants de Corinthe : car nous marchons par la foi et non par la vue, nous sommes pleins de confiance et nous aimons mieux quitter ce corps et demeurer auprès du Seigneur, ce pour cela aussi nous nous efforçons de lui être agréable. Pour lui être agréable, Paul ; cite une de chaise de la foi qui est la confiance, il en parle deux fois ce pour quoi nous croyons que la foi est assise sur la confiance et nous marchons par la foi et non par la vue.

Celui qui veut voir qu'il croit qu'il est malheureux. Nos anciens dans la foi, n'étaient pas comme cela, il n'exiger pas qu'il voie après qu'il puisse alors croire. Ils croyaient sans voir. **II Corinthiens 5 :6-7 et dans Jean 20 :26-28**

Sache que les hommes et femmes dans la foi seront enlevés le jour de l'apparition de notre Seigneur dans les aires. Ecoutez ce que dit Paul : Voici, je dis un mystère nous ne mourons pas tous, nous serons changé en un clin d'œil à la dernière trompette, la trompette sonnera et les morts ressuscitera. C'est un phénomène incorruptible et nous serons tous changer. Est-ce que tu crois à ce que Paul avait dit ? **I Corinthien 15 : 51-52**

Il exhorte encore les Chrétiens de Thessalonique disant que : Voici en effet ce que nous vous déclarons d'après la parole du Seigneur ; nous les vivants restées pour l'avènement du Seigneur, nous ne devancerons pas ceux qui sont morts avant car le seigneur a un signale qu'il va donner à la voix de l'archange et au son de la trompette. Dieu descendra du ciel et les morts en christ ressusciteront premièrement et ensuite, nous les vivants qui serons restés, nous serons tous ensemble enlevés avec eux dans les aires et ainsi nous serons toujours avec le Seigneur, consolez-vous donc les uns et les autres par ces paroles. **I Thessaloniciens 4 :15-18**

Chères frères et sœurs croyants, la foi qui produit, c'est la foi qui rend l'homme agréable à Dieu, c'est cette foi qui va permettre le croyant à rencontrer le christ dans les aires. La bible nous montre clairement la réalité de la foi. Ecouté ce que nous dit la Bible concernant la foi : C'est par la foi qu'Hénoch fut enlevé pour qu'il ne vu point la mort et il ne parut plus par ce que Dieu l'avait enlevé avant son enlèvement puis qu'il avait reçu le témoignage montrât qu'il était agréable à Dieu. **Genèse 5 : 23-24 ; Hébreux 11 :5-6**

Elie a monté au ciel comme il continuer à marcher lui et son serviteur Elisée, en parlant voici un char de feu et des chevreaux de feu les séparent l'un de l'autre et Elie monta au ciel dans un tourbillon. Elisée regardait et criait : Mon père, mon père mais les chars d'Israël et sa cavalier et lui ne le vu plus. Elie le serviteur de Dieu vivant, l'homme de foi, il n'a pas vu la mort. **II Rois 2 :1-4**

Les croyants d'orient s'approchés devant Dieu pendant toute la journée, la semaine, le mois et l'année, ils étaient dans la plénitude de la foi. Le croyant en christ n'abandonne pas son assurance car l'assurance est la troisième chaise sur laquelle la foi est assise. Dans ce monde, le juste doit vivre que par la foi. Ceux qui se retirent de christ sont ceux qui n'ont pas de foi, car c'est la foi qui rend l'homme agréable à la face de Dieu.

J'ai longuement parler cde ce qui concerne la foi et ce que la foi produit dans la vie de l'homme pendant que l'homme croit en Jésus-Christ notre seigneur et sauveur puis cette foi qui rend l'homme agréable à son Dieu or que sans la foi, il est impossible de lui etre agréable car il faut que celui qui s'approche de Dieu s'approche dans la plénitude de la foi **Hébreux : 22-39**

Cette foi que j'ai décortiqué c'est la foi qui est dans la vie d'un chrétien authentique qui est bien affermis dans la parole de Dieu, il est bien équilibré. C'est celui qui avait fait une bonne repentance et une repentance sincère et il est conduit par le Saint –Esprit au moyen de la foi. C'est le chrétien qui supporte les épreuves et les tentations provenant du diable. **I Corinthiens 2 :15-16 ; Jacques 1 :1-6**

Il Ya un arme très très dengerer un arme conte opposent a la foi c'est un arme que le diable utilise dans toutes les circonstances dans la vie de croyant faible, cet arme le croyant faible ne peut pas progressée dans la vie. Cet arme est un obstacle pour la vie du croyant, il lui fait douté toujours dans toute les circonstances c'est un arme qui fais minimiser l'autorité de seigneur jésus dans la vie du croyant en disent c'est impossible votre Dieu ne peut rien faire, a place de rien est impossible à Dieu.

L'arme en question que je dis ce l'incrédulité.

L'incrédulité ce l'arme du Diable, il met l'incrédulité dans le cœur de l'homme de ne pas croire à l'église du christ, afin que l'homme ne croit pas, qu'il ne soit pas sauvé, il met l'incrédulité dans vie du croyant qui a commis une faute, ou un péché de ne pas confessée pour que, il soit libéré je rends le cœur incrédule d'un croyant devant une circonstance que Dieu n'agira pas. Il met l'incrédulité dans les cœurs des croyants faibles que les morts ne ressusciteront pas et l'avènement du Seigneur n'aura pas lieu.

L'incrédulité est un grand obstacle, un mur qui empêche l'homme à vivre la gloire de Dieu tout puissant. L'incrédulité est un péché, c'est une arme a évité dans la vie du croyant.

L'incrédulité

Un homme vint se jeter à genoux devant Jésus et dit : Seigneur aie pitié de moi, mon fils est malade et souffre cruellement : il tombe souvent dans le feu te dans l'eau. C'et ait la deuxième fois qu'il avait apporté son fils à Jésus pour la guérison. La première fois qu'il est venu avec son fils, c'est sont les disciples qui avaient prié pour l'enfant mais la solution n'était pas prise ce qui veut dire que l'enfant n'était pas guéri, alors pour quoi l'enfant n'était pas guéri ?

Le père du malade s'adresse à Jésus disant que : Seigneur, j'ai amené mon fils à tes disciples et ils n'ont pas pu le guérir. Ecoutons le reproche du Seigneur à ces disciples, race des incrédules et pervers, jusqu'à quand serais-je avec vous ? Jusqu'à quand vous supporterais-je ? Il demande de lui amener l'enfant qui était malade, lorsque l'enfant est arrivé, Jésus parla souverainement au démon de libéré l'enfant, les démons sortit puis l'enfant était guéri à l'heur même.

Lorsque les disciples avaient remarqué que cet enfant était guéri, ils posèrent cette question à Jésus-Christ : Maitre pourquoi n'avons-nous pas chassé ces démons ? Jésus leurs répondit que c'est à cause de votre incrédulité, je vous le dit en vérité, si vous avez de la foi comme un grain de sénevé, vous direz à cette montagne ; transporte-toi d'ici, elle se transporterait. L'incrédulité empêche la puissance de Dieu à se manifesté dans la vie du croyant. **Mathieu 17 :15-20**

Un jour le seigneur et un dans la barque, il s'éleva un grand tourbillon et des flots se jeter dans la barque ou point qu'elle se remplissait déjà et il lui dormait à la poupe sur le coussin, les apôtres lui réveillait disant que Maitre ne t'inquiète tu pas de ce que nous périssons. S'étant réveillé, il menaça le vent et dit à la mer : Silence ! Tais-toi, le vent cessa et il y un grand calme et le Seigneur posa la question aux disciples : Pourquoi avez-vous sin peur comme vous n'avez pas de foi ? **Marc 4 :36-40**

Jésus parti de là et se rendit dans sa patrie c'est-à-dire chez lui à Nazareth, ses disciples le suivirent quand le sabbat fut venu, il se mit à enseigner dans la synagogue, beaucoup des gens qui l'entendirent étaient étonné et disaient où vienne ces paroles ? Quelle est cette sagesse qui lui a était donné et comment de tels miracles se font- ils par ses mains ? N'est-ce pas le fils du charpentier et marie, le frère à Jacques, José, Jude et de Simon ? Et ces sœurs ne sont pas ici parmi nous ?

Il était pour eux une occasion de chuter mais Jésus leurs dit qu'un prophète n'est mépriser que dans sa patrie, parmi ces parents, dans sa maison, il ne peut faire là aucun miracle si ce ne qu'il imposa les mains à quelques malades et les guérir et il s'étonnait de leurs incrédulité. L'incrédulité est un obstacle, un mur qui empêche les manifestations de la puissance divine dans l'homme **Marc 6 :1-6**

L'incrédulité minimise l'autorité ou le Seigneur Jésus à Jérusalem pendant la fête de tabernacle dans le temple. Il prit la parole et dit je suis le Messie-le christ, celui qui croit en moi des fleuves de l'eau vive couleront de son sein comme le dit les écritures. Il dit cela de l'esprit que devrait recevoir ceux qui croiraient en lui car l'esprit n'était pas encore donné car Jésus n'était pas encore glorifier.

Les huissiers étaient présent quand il parlait, ils retournèrent vers les principaux sacrificateurs et les pharisiens puis ceux-ci leurs dirent : Pour quoi ne l'avez-vous pas amené ? Les huissiers répondirent : jamais et aucun homme n'a parler comme cet homme, dans tout ce rapport donné par les huissiers, les pharisiens et les sacrificateurs ne crut pas en lui. Il commença à reproché aussi Nicodème qui était parti voir le Seigneur Jésus la nuit pour lui demandait s'il était aussi Galiléen ? Examine et tu verras que de la Galilée, il ne sort point un prophète, voyez-vous l'incrédulité dans la vie de l'homme ? **Jean 7 :38-52**

Ecouté ce que dit Pierre pour les incrédules qui ne croit par rapport à l'avènement du Seigneur Jésus, il dit : Sachez avant tout que dans les derniers jours ; il viendra des moqueurs marchant selon leurs propres convoitises. Ils disent que où est la promesse de son avènement ? Car depuis que les pères sont morts, tous demeure comme dès le commencement de la création. Voilà les paroles d'un homme incrédule. **II Pierre 3 :1-5**.

L'incrédulité est un obstacle, un mur, une pierre posée dans le cœur de l'homme pour ne croire en Dieu, en Jésus-Christ qui est le seigneur et sauveur. L'incrédulité ne croit pas aux promesses de Dieu dans la bible. L'incrédulité ce le fruit du Satan car le diable qui est le Satan ne se repentira pas jusqu'à sa mort en enfer, aucun jour les démons se repentiront.

J'ai dit que l'incrédule minimise la seigneurie du Seigneur Jésus, de son autorité, de son pouvoir, de sa puissance. Mais l'homme de foi quoique la chose tarde encore, malgré les circonstances qu'il se trouve, malgré la gravité de la de son problème qui est impossible selon la chaire mais à cause de la foi, il minimise la situation grave.

Ecouté ce que nous dit la bible pour un homme de foi, espérant contre toute espérance, il crut et devint ainsi le père d'une grande Nation selon ce qui lui avait était dit tels sera ta postérité et sans faiblir dans la foi, il ne considéra point que son corps était déjà usé par ce qu'il avait 90 ans plus et son corps n'était plus à l'âge d'avoir les enfants, il ne douta point par l'incrédulité où siégé la parole de Dieu mais il fut fortifié par la foi donnant la gloire à Dieu. L'homme de foi avait minimisé tout ce qui était impossible à lui. Voici l'exemple de notre père Abraham **Romain 4 :13-21**

Quel est le sort de l'incrédulité ? L'homme incrédule à un sort destiné pour lui comme j'ai dit que l'incrédulité ce le fruit de Satan le diable, son destiné c'est la mort éternelle ou l'enfer.

Ecouté la Bible ce qu'elle dit : celui qui était assis sur le trône dit : Voici j'ai fait toute choses nouvelles et il dit écrit car ces paroles sont certaines et véritable, il me dit ce fait, je suis l'alpha et l'Omega, le commencement et la fin. A celui qui a soif, je donnerais des sources d'eaux de la vie gratuitement. Celui qui vaincra héritera ces choses, je serais son Dieu et il sera mon fils.

Suivons maintenant le sort d'un incrédule : Pour les lâches, les incrédules, les abominables et les autres, leur part sera dans l'étang ardant de feu et souffre ce qui est la seconde mort. Les incrédules et le diable seront jetés dans l'étang ainsi que ces anges qui sont les démons. **Apocalypse 20 :7-10 et Apocalypse 21 :1-8**

LA FOI DANS LE NOUVEAU TESTAMENT EST CITE :

- Dans l'évangile selon Mathieu
    - Chapitre 6 :30 ;
    - Chapitre 9 :2-29 ;
    - Chapitre 15 :28 ;
    - Chapitre 17 :20 ;
    - Chapitre 21 :21.
- Dans l'évangile selon Marc
    - Chapitre 2 :5 ;
    - Chapitre 5 :34 ;
    - Chapitre 11 :22 ;
- Dans l'évangile Selon Luc
    - Chapitre 5 :20 ;
    - Chapitre 7 : 9 ;
    - Chapitre 17 : 6 ;
    - Chapitre 18 : 42 .
- Dans le livre des Actes
    - Chapitre 3 :16 ;
    - Chapitre 6 : 5-7 ;
    - Chapitre 14 : 9,27 ;
- Dans l'Epitre aux Romains
    - Chapitre 1 : 5, 12,17 ;
    - Chapitre 3 : 22, 26, 30,31 ;
    - Chapitre 4 : 13, 14, 16,20 ;
    - Chapitre 10 : 8,17 ;

- Chapitre 11 :20,
- Chapitre 14 :1,22 .

❖ Dans l'Epitre aux Corinthiens
- I Corinthiens Chap. 2 :5 ;
- I Corinthiens Chap. 13 :2 ;
- II Corinthiens Chapitre1 :24 ;
- II Corinthiens Chapitre 5 :7 ;

❖ Dans l'Epitre aux Galates
- Chapitre 1 :23 ;
- Chapitre 2 :16 ;
- Chapitre 3 : 2, 5, 7, 8, 11, 14, 22-25 ;
- Chapitre 5 : 6-22 ;
- Chapitre 6 :10.

❖ Dans l'Epitre aux Ephésiens
- Chapitre 2 :8 ;
- Chapitre 4 : 16,23 ;

❖ Dans l'Epitre aux Philippiens
- Chapitre 1 : 25,27 ;
- Chapitre 2 :17 ;
- Chapitre 3 :9.

❖ Dans le premier l'Epitre aux Thessaloniciens
- Chapitre 1 :3, 8 ;
- Chapitre 3 :5,10 ;
- Chapitre 5 :8.

❖ Dans le deuxième Epitre aux Thessaloniciens
- Chapitre 1 : 3, 4 et 11 ;
- Chapitre 2 :13.

❖ Dans le premier Epitre à Timothée
- Chapitre 1 :2, 5, 19 ;
- Chapitre 2 :7 ;
- Chapitre 3 : 9, 13 ;
- Chapitre 4 :1,6 ;
- Chapitre 6 : 10.

❖ Dans le Deuxième Epitre à Timothée
- Chapitre 1 : 5, 13 ;

- Chapitre 2 :18, 22.

❖ Dans l'Epitre à Tite
  - Chapitre 1 : 1, 13 ;
  - Chapitre 2 :2 ;
  - Chapitre 3 :15.

❖ Dans l'Epitre de Philémon
  - Chapitre 1 :5-6 ;

❖ Dans l'Epitre aux Hébreux
  - Chapitre 3 :1 ;
  - Chapitre 6 :2 ;
  - Chapitre 9 :28 ;
  - Chapitre 10 : 2, 22, 39 ;
  - Chapitre 11 : 3-8, 11, 13, 17,20,22,23-30,31,33,39 ;
  - Chapitre 12 :2.

❖ Dans l'Epitre à Jacques
  - Chapitre 1 :3-6
  - Chapitre 2 :1, 5,14, 17, 18, 20, 22, 26

❖ Dans le premier Epitre de Pierre
  - Chapitre 1 : 5, 9, 21
  - Chapitre 5 : 9

❖ Dans le Deuxième Epitre de Pierre
  - Chapitre 1 :5

❖ Dans le premier Epitre de Jean
  - Chapitre 5 :4

❖ Dans l'Epitre de Jude
  - Chapitre 1 :3, 20

❖ Dans le Livre d'Apocalypse
  - Chapitre 13 :10
  - Chapitre 14 :12

L'incrédulité fait éloigner le croyant de son Dieu. Les incrédules ont l'intelligence obscure, ils sont étranger à la vie de Dieu à cause de leurs ignorance et de l'endurcissement de leurs cœurs.

Par définition, l'incrédule est :

1. **Celui qui ne croit pas aux dogmes religieux**

2. Celui qui croit difficilement.

Mais l'incrédulité à son tour est le manque de foi religieuse, c'est le fait que la personne croit difficilement.

Quand peut-on voir la manifestation de l'incrédulité ? Il y'a plusieurs circonstances qui pourront faire que l'incrédulité puisse se manifesté dans la vie de l'homme.

1. L'incrédulité vient à ceux qui attendent la parole de Dieu, l'évangile de Christ et ne croit pas. Il y'a des religions qui ne croit pas que Jésus-Christ est Dieu, ni sauveur et Seigneur. D'autre nie l'existence de Dieu créateur. **Jean 3 :14-19**
2. L'incrédulité se manifeste dans le cœur faible pendant les circonstances difficiles c'est-à-dire le croyant qui pense que Dieu est incapable d'agir.
3. L'incrédulité se manifeste dans le croyant qui a péché, le Saint-Esprit lui convainque d'un péché mais il ne se repend pas, Dieu envoi l'homme en personne, mais jamais renié **Jean 16 :7-8, I Jean 1 :6-10**

Je n'encourage pas de vivre la vie du péché non, la bible qui est la vérité et n'autorise pas mais en cas de l'imprudence confesse. Ceux qui sont né de nouveau ne peuvent plus pratiquer le péché c'est-à-dire faire le péché volontairement. **I Jean 3 :5-10**

Ecoutez ce que dit la bible par rapport aux croyants incrédules, ou de ne pas tomber dans le l'esprit d'incrédulité. Suivez bien l'exhortation : n'endurcissez pas vos cœurs comme lors de la révolte ou joui de la tentation dans le désert, ou vos père me tentèrent pour m'éprouver ; et ils voient mes œuvres pendant quarante ans. Aussi je fus irrité contre cette génération et je dis : ils ont toujours un cœur qui s'égare, ils n'ont pas connu mes voies, je jurais donc dans ma colère : ils n'entreront pas dans mon repos.

Vous voyez frère croyant comment l'incrédulité dans la vie de l'homme pause des problèmes ? Voyez-vous ?prenez garde frère que quelqu'un de vous n'ait un cœur mauvais et incrédule au point de se détourner du Dieu vivant mais exhortez –vous les uns les autres chaque jour, aussi longtemps qu'on peut dire : aujourd'hui afin qu'aucun de vous ne s'endurcisse par la séduction, de l'incrédulité qui est aussi le péché. Je vous exhorte de veiller à tout moment que c'est arme ne soit plus est tu incrédule ? **Heb3 :1-19**

Un homme avait préparé son étang, il a bien clôturé soit à bien dressé les digues, l'étang est bien parée, maintenant il achète les alvins et il les met dans son étang.

Il a comme objectif que si les alvins grandissent et devienne les poissons, qu'ils se multiplient et deviennent plus nombreux, il pourra venir pécher ces poissons, il pourra les vendre pour avoir de l'argent soit les consommés. Mais nous remarquons que pendant qu'il pèche les poissons, nous voyons la présence des autres espèces qui ne sont pas les poissons tels que : les serpents, les grenouilles, les verts de terre, les herbes et autres. Il les jette hors l'étang par ce que le propriétaire n'avait pas besoin de toutes ces autres espèces hors mis les poissons.

Toutes ces espèces viennent entrer dans l'étang sans la permission du propriétaire de l'étang, elles cohabitent ensemble avec les poissons. Mais le jour de la sélection, le propriétaire de l'étang choisit les poissons et leurs mettent à part puis il ramasse les autres espèces et les jettent hors l'étang. Il va vendre les poissons pour survivre. Au lieu que l'étang soit rempli que des poissons mais les autres espèces partent remplir l'étang.

Ce pour quoi, l'église de ce dernier temps est semblable à un étang, tout le monde viennent pour prier dans l'église locale qui est comme un étang, les autres viennent pour leurs propres besoins sont par exemple avoir l'argent ; avoir le mariage, le travail. Toutes ces choses ne sont pas mauvais mais d'autres viennent avec les disputes, les querelles, les autres encore avec la jalousie, les autres avec la division les autres avec le tribalisme, ils viennent pour gâché la réputation de l'église par leurs mauvaises conduites.

Mais il y'en a qui viennent aussi dans l'église avec l'objectif de prié mais quand on lui reproche une erreur, soit une faute commise, il commence à créait les conflits contre le pasteur, contre son prochain et commence à lui faire la guerre par ce qu'il l'avait prodigué le conseil. **I Corinthiens 3 :3-6, I Corinthiens 5 :1-2s**

Voyons un peu un exemple biblique ou dans les écritures, un mauvais exemple : Un homme avait le problème, il cherchait qui consulté pour lui orienter, lui donné la solution, le roi Josaphat voulais à tout moment, à tout temps qu'on lui parle toujours du bien même s'il agit mal, écoutons ces paroles : Le roi d'Israël dit à ces serviteurs que : savez-vous que Ramoth à Galaad est à nous ?

Et nous nous n'inquiéterons pas de le reprendre de mains du roi de Syrie et il dit à Josaphat disant veut-tu venir avec moi attaqué ramoth en Galaad? Josaphat répondit au roi d'Israël que nous irons mo comme toi, mon peuple comme ton peuple et il ajoutât que consulte maintenant, ce que te dis la parole de l'éternel, le roi d'Israël ressembla quatre cent prophètes, il leurs posèrent la question de savoir s'il nous irons à la guerre contre Ramoth ? Est-ce que ces 400 prophètes ont parlés de la part de l'éternel ? Josaphat posa encore la question : est ce qu'il y'a-t-il plus ici aucun prophète de l'éternel par qui nous pouvons le consulté ? Suivons ce que va dire le roi d'Israël : il répondit à Josaphat disant qu'il y'a encore un homme par qui l'on pourra consulter l'éternel mais je l'ai hait car il ne me prophétise rien de bon, il ne prophétise que du mal. Le roi l'avait haï par ce qu'il ne disait que la vérité, ce le même comportement que les croyants des églises locales de ce dernier temps affiches.

Lorsqu'il fut arrivé chez le prophète Michée, il leurs fait un conseil mais quand Michée avait commencé à parler, le roi d'Israël l'interrompu puis lui dit : Combien de fois me faudra-t-il te faire jurer de ne me dire que la vérité au nom de l'éternel ? Pourquoi toi le prophète Michée mais que la vérité de Dieu ? La prophétie de ces quatre cents prophètes n'était pas la même prophétie que la prophétie de Miché ? Le roi d'Israël était incrédule quel était son sort ? Dans les églises locales ce genre des membres y est. **I Roi 22 :1-35**

Beaucoup viennent dans les églises pour les profits, s'il n'atteint pas son but, il se retire de l'église et s'en vas chercher une autre église. **Jean 6 :60-66**

D'autres sont dans les églises locales pour décourager les autres par leurs façons de parler. **Nombre 13 :28-33 et Nombre 14 :1-4, Nombre 20 :1-4**

D'autres viennes dans l'église après quelques temps, la paresse leurs surpasse, un deux, trois mois, il vienne plus à l'église, il devient un homme de raisons puis devient un rétrograde, il devient comme un chien. **Hébreux 10 :24-27 et II Pierre 2 :15-22**

L'église locale accueil tout le monde et baptise aussi au nom du père, du fils et du Saint-Esprit. Tous les baptisés participe aussi à la saint scène. **I Corinthien 11 :23-30**

D'autres viennent dans les églises et ils sont ceux qui courent non comme à l'aventure, ne frappe non comme battant mais traite durement son corps contre tous les désirs de la chaire. Ils ont cru au seigneur Jésus-Christ sincèrement, ils préservent dans les enseignements de la parole de Dieu et marche dans la sincérité, dans l'obéissance, dans l'amour, dans l'humilité et dans la crainte de Dieu. I Corinthien 9 :24-27, I **Thessaloniciens 4 :2-8**

Dans ce monde, ils vivent comme des étrangers et voyageurs sur la terre, ils savent bien que sans Christ, ils ne peuvent rien faire dans leurs vies. Ils n'aiment pas les choses de ce monde mais ils ont l'amour de leur père qui est notre Seigneur Jésus-Christ. Ils savent qu'en aimant les choses de ce monde, l'amour de notre père, Seigneur, Jésus-Christ e sera plus dans nous. **I Jean 2 :15-23**

Dans l'église locale, nous allons pour recevoir les instructions de la part du Seigneur. Là à l'église, la parole de Dieu nous exhorte, nous instruit, nous affermis et nous encourage.
II Timothée 3 :2-17

CONCLUSION

Chers croyants, je ne suis pas le meilleur plus que vous, je n'ai pas encore atteins la perfection mais je fais l'effort par la grâce du Seigneur au moyen de la foi de courir dans ma vie pour saisir le mieux, ce pour quoi je travaille pour son salut. **Philipiens 2 :12. Philippiens 3 :8-15**

Mon frère, ma sœur, notre Seigneur Jésus-Christ vient bientôt. Ce livre m'a était inspiré pour aider les lecteurs, les encouragés, les exhortés afin qu'ils sachent que la Parle de Dieu dit : « Or sans la foi, il est impossible de lui être agréable ; car il faut que celui que s'approche de Dieu croie que Dieu existe, et qu'il est le rémunérateur de ceux qui recherchent ».(Hébreux 11: 6).

Je vous invite à lire cet ouvrage pour mieux comprendre ce que la foi produit dans la vie de l'homme. Nous citons : L'obéissance, la sainteté, la fermeté, la patience, la crainte, la persévérance et l'humilité dans la vie d'un Chrétien ou un Croyant, car le Seigneur est à la porte et évitons les distractions par les choses de ce monde.

L'épouse Christ est entré de se préparer pour le mariage avec son époux, elle se revête une robe éclatante mais pour qu'elle soit revêtit de cette robe, qu'elle se matérialise à utiliser cette parole de Dieu. Quelle est cette robe ? C'est sont es œuvres justes de saints. L'épouse c'est l'église, celui qui as reçu Christ comme Seigneur et sauveur et qui marche selon les règles de Dieu. L'église est le temple de Dieu. **I Thessaloniciens 4 :2-8, I Corinthiens 3 :16-20, I Corinthiens 6 :16-20**

La foi qui produit rend l'homme agréable à Dieu, nos ancêtres avaient cette. Ils marchaient dans l'obéissance, dans la sainteté et ils vivaient dans la crainte de Dieu. Ils avaient combattu un bon combat de la foi. Nous également préparons-nous à la rencontre du Christ, il reste un peu de temps pour que celui qui doit venir arrive, il ne tardera plus mais le juste vivra par la foi, mais s'il retire mon âme ne prend pas plaisir en lui, nous ne sommes pas de ceux qui se retirent pour se perdre mais de ceux qui ont la foi pour sauver leurs âmes. **Hébreux 10 : 37-39**

L'incrédulité ne paie pas dans la vie de l'homme, cela amène à la mort évitons cela et croyons à la promesse. Veillons et soyons sobres. Que la haine, les disputes, les querelles, la division, l'orgueil, l'hypocrisie, le calomnies, les trahisons, les paroles dures, le fanatisme, et ne minimisons pas les autres. Ne soyons pas incrédules en attendant l'arrivée du Christ.

Pour clore que celui qui est juste reste juste, que celui qui est souillé se sanctifie. **Apocalypse 22 :10-14.**

Que Dieu vous bénisse !

Votre humble serviteur MUKE Elisée NGIEKU

BIBLIOGRAPHIE SOMMAIRE

1. La Sainte Bible version Louis Segond , 1910 ;
2. La Sainte Bible version Révisée Louis Segond , 1960 ;
3. La Sainte Bible version Colombe,1989
4. La Sainte Bible version Semeur,
5. La Sainte Bible version Parole Vivante
6. KIKIDI MBOSO R , Révélation Biblique Ed AREV-MINISTRIES , Kinshasa ? 2019,
7. KIKIDI MBOSO R ,Pourquoi un Chrétien ne peut jamais être membre des ordres occultes ; Ed . Univ.Europ. Berlin, 2019
8. Winston John , Nouvel Index Biblique, Nouvelle Edition de Genève, 1979

TABLE DES MATIERES

Printed by Books on Demand GmbH, Norderstedt / Germany